O RETORNO DA FILOSOFIA PERENE

A Doutrina Secreta para os Dias de Hoje

John Holman

O RETORNO DA
FILOSOFIA PERENE

A Doutrina Secreta para os Dias de Hoje

Tradução:

Marta Rosas

**Editora
Pensamento**
SÃO PAULO

Título original: *The Return of the Perennial Philosophy.*

Copyright © 2008 John Holman.

Publicado em 2008 por Watkins Publishing, sixth Floor, Castle House, 75-76, Wells Street, Cordon, W1T 39 H.

Todos os direitos reservados. Nenhuma parte desta obra pode ser reproduzida ou usada de qualquer forma ou por qualquer meio, eletrônico ou mecânico, inclusive fotocópias, gravações ou sistema de armazenamento em banco de dados, sem permissão por escrito, exceto nos casos de trechos curtos citados em resenhas críticas ou artigos de revistas.

A Editora Pensamento-Cultrix Ltda. não se responsabiliza por eventuais mudanças ocorridas nos endereços convencionais ou eletrônicos citados neste livro.

Coordenação editorial: Denise de C. Rocha Delela e Roseli de S. Ferraz
Preparação de originais: Roseli de S. Ferraz
Revisão: Claudete Agua de Melo

Dados Internacionais de Catalogação na Publicação (CIP)
(Câmara Brasileira do Livro, SP, Brasil)

Holman, John

O retorno da filosofia perene : a doutrina secreta para os dias de hoje / John Holman ; tradução Marta Rosas. – São Paulo : Pensamento, 2011.
Título original: The return of the perennial philosophy : the supreme vision of western esotericism.
ISBN 978-85-315-1721-1
1. Esoterismo 2. Filosofia 3. Filosofia e religiões 4. Teosofia I. Título.

11-02027	CDD-190

Índices para catálogo sistemático:
1. Filosofia moderna ocidental 190

O primeiro número à esquerda indica a edição, ou reedição, desta obra. A primeira dezena à direita indica o ano em que esta edição, ou reedição, foi publicada.

Edição	Ano
1-2-3-4-5-6-7-8-9-10-11	11-12-13-14-15-16

Direitos de tradução para o Brasil
adquiridos com exclusividade pela
EDITORA PENSAMENTO-CULTRIX LTDA.
Rua Dr. Mário Vicente, 368 — 04270-000 — São Paulo, SP
Fone: 2066-9000 — Fax: 2066-9008
E-mail: pensamento@cultrix.com.br
http://www.pensamento-cultrix.com.br
que se reserva a propriedade literária desta tradução.
Foi feito o depósito legal.

*Dedicado à minha mulher,
Tamasine Holman,
por seu apoio infinito,
e ao meu mentor,
dr. Norman Pearson,
por ser exatamente isso.*

*Agradeço também a
Robert Ellwood, pelas sugestões
e comentários.*

Lista de ilustrações

Figura 1: O cosmos gnóstico 26

Figura 2: O sistema hermético 31

Figura 3: A holarquia teosófica 50

Figura 4: A grande cadeia da existência do nosso sistema cósmico 57

Figura 5: A obra alquímica 70

Figura 6: As três primeiras iniciações 82

Figura 7: Gnosiologia comparada 109

Sumário

Lista de ilustrações 6
Prefácio – Robert Ellwood 9
Introdução 13

PARTE UM: A FILOSOFIA PERENE

1. O esoterismo em seus primórdios 25
2. Tradicionalismo 33
3. Teosofia 47
4. Outras escolas esotéricas 59

PARTE DOIS: O CAMINHO ESPIRITUAL

5. Espiritualidade e cosmologia 73
6. A primeira iniciação 81
7. A segunda e a terceira iniciações 93
8. A quarta e a quinta iniciações 101
9. As iniciações mais avançadas 113

PARTE TRÊS: VISÕES DE MUNDO EM MUTAÇÃO

10. Visões de mundo em mutação 123
11. Psicologia espiritual I: Carl Jung e Roberto Assagioli 135
12. Psicologia espiritual II: Ken Wilber 145
13. Desafios da visão esotérica 155

Notas 163
Bibliografia 189

É verdadeiro, verídico e real:
O que está em cima é como o que está embaixo
E assim como de todas as coisas a uma se chega, dessa coisa única
a todas se vai
Esses os maravilhosos efeitos da adaptação.

Meditando se vai da coisa única a todas as coisas,
O sol é o pai, a lua é a mãe,
O vento a transporta em seu ventre, a terra é sua nutriz
Apenas nessa coisa jaz toda perfeição.

Convertida em terra, seu poder é pleno:
Separarás aos poucos a terra do fogo,
Separarás com grande sabedoria o sutil do grosseiro.

Da terra ascende aos céus para então
À terra descer mais uma vez e dela recolher a força
Das coisas superiores e inferiores.

A tábua de esmeralda

Prefácio

A tradição esotérica ocidental está ganhando cada vez mais visibilidade. Embora sempre tenha existido, ela foi muitas vezes encoberta, *ocultada*, ou encerrada, esotérica. Poderíamos chamá-la de Tradição Ocidental Alternativa da realidade ou, como John Holman e outros, poderíamos chamá-la ainda mais apropriadamente de Filosofia Perene, a sabedoria que, como as marés, tem fluxos e refluxos, mas nunca morre. Ao lado das pregações espirituais exotéricas do judaísmo e do cristianismo, com sua ênfase na fé, na devoção e na prática moral exemplar, outra voz afirmou: "Sim, isso é importante, porém ainda há mais. Atrás disso, dos lados, em seu interior, jaz oculta uma pérola de grande valor, para a qual as fileiras de credos exteriores não fazem senão apontar: chamem-na misticismo, pois a melhor maneira de apreendê-la é por meio de estados mentais que transcendem a razão comum ou o pensamento 'linear'; chamem-na sabedoria no sentido de *gnose* – não apenas o simples conhecimento, mas a percepção que se baseia na experiência da natureza da realidade suprema e do nosso lugar nela; chamem-na iniciatória, pois a melhor maneira de atingir essa gnose é por meio de uma série de despertares ou renascimentos interiores, como sair do mundo dos sonhos para a luz do dia ou voltar a sair da escuridão e da segurança do útero para o reino do céu e do sol".

Uma iniciação é, acima de tudo, a dura e assombrosa prova do fugitivo da caverna de Platão, das chamas e reflexos à luz, na qual o aturdido caminhante, vindo do reino das sombras, vê pela primeira vez o sol em todo o seu ofuscante resplendor mas, ao retornar à companhia de seus antigos colegas de masmorra, encontra mais escárnio que credibilidade. A tradição ocidental alternativa tem origem no antigo platonismo e até mesmo naquilo que existe por trás das imagens do filósofo grego: o pitagorismo, Elêusis, os Mistérios, talvez o xamanismo primordial. Depois de Platão, encontramos vestígios seus no neoplatonismo, no gnosticismo, na cabala, na alquimia, no ressurgimento do ocultismo na Renascença, no rosacrucianismo, nas várias lojas franco-maçônicas e afins do século XVIII e posteriores e em movimentos novecentistas como a Teosofia e a Ordem Hermética da Aurora Dourada. Nos séculos XX e XXI, podem-se encontrar indícios do legado dos mistérios em inúmeros ensinamentos e na mística da contracultura dos anos 60, em especial no movimento conhecido por *New Age*, ou Nova Era. Tudo isso, com seus diversos nomes e símbolos, leva-nos a crer na possibilidade de conhecer níveis mais profundos de compreensão – de nós mesmos e do nosso universo – do que apenas os comuns ou até os "científicos", tendo sido promovidas situações iniciatórias que nos assistem nessa jornada. No início do século XXI, como evidencia a recente avalanche de conferências e livros (por exemplo, as obras de estudiosos de renome como Antoine Faivre, Joscelyn Godwin e Huston Smith), verifica-se um renovado interesse, tanto em nível acadêmico quanto popular, por essa tradição. Não mais taxada de marginal ou irracional, ela é vista com respeito no mercado das ideias como uma tradição que tem algo de sério a oferecer, não só do ponto de vista filosófico mas também experiencial.

Com *O Retorno da Filosofia Perene*, John Holman dá uma contribuição significativa para a renovação desse interesse. Concentrando-se particularmente no caminho da iniciação, mas também ressaltando as convergências entre a tradição esotérica e as psicologias de figuras da envergadura de C. G. Jung e Roberto Assagioli, ele deixa claro que, em níveis profundos, a tradição esotérica e a filosofia perene falam a anseios e incertezas contemporâneos, além de preencher lacunas na história ocidental das ideias.

Decerto, tem havido uma certa fusão entre as iniciações e filosofias perenes do Ocidente e do Oriente, principalmente nos últimos séculos (e esse talvez tenha sido o caso também na antiguidade). Evidentemente há paralelos que saltam aos olhos, digamos, entre a iniciação nas ordens sufistas ou tântricas e a que se faz nas lojas ocidentais. Além disso, a sabedoria atemporal do Absoluto é, em última análise, uma só, seja ela vedanta, budista ou neoplatônica. Holman, no entanto, se propõe neste livro a enfocar a tradição ocidental. Por ironia, muitos dos ocidentais a conhecem menos que a tradição oriental. Contudo, dotada de riqueza e beleza próprias, ela merece ser apresentada e enaltecida pelo que é. Este volume será uma parte valiosa dessa apresentação, e o recomendo a todos os que desejam saber mais sobre essa herança, ao mesmo tempo conhecida e desconhecida.

Dr. Robert Ellwood,
Professor Emérito de Religião da University of Southern California

Nota do autor

O caminho da filosofia perene é e continuará sendo trilhado por homens e mulheres. Para evitar interferências na leitura, o pronome masculino foi usado ao longo de todo o texto. Contudo, ele deve ser interpretado como referente a ambos os sexos.

Introdução

OBJETIVOS E ESTRUTURA

O principal objetivo deste livro é apresentar um panorama da visão de mundo esotérica ocidental, panorama esse que poderia funcionar discursivamente como a filosofia perene de acordo com o esoterismo. Tendo os aspectos sociais, políticos e culturais sido reservados para obra posterior, o foco agora recairá nos aspectos psicoespirituais e cosmológicos e, embora não se defenda da acusação de sincretismo, o autor espera que esse quadro possa ser amplamente reconhecido pelos *praticantes*. Um objetivo secundário consiste em esclarecer os modernos ensinamentos teosóficos, particularmente os relativos à *iniciatologia* – tema que, até o momento, tem sido pouco entendido ou ao menos explorado em profundidade. Espero que essa exposição sirva para estimular novos debates entre os pensadores dos campos da religião, da psicologia e do misticismo.

A seção seguinte desta introdução aborda a espinhosa questão da metodologia no estudo do esoterismo. A Parte Um deste livro volta-se para os princípios da "Sabedoria Atemporal", conforme os formularam, inicialmente, os primeiros esoteristas, ligados às escolas do gnosticismo, do neoplatonismo e do hermetismo. Em seguida, faremos uma abordagem do Tradicionalismo, escola associada principalmente aos nomes de René Guénon, Ananda Coomaraswamy e Frithjof Schuon, e da Teosofia de H. P. Blavatsky e seus sucessores, entre os quais Rudolf Steiner e Alice Bailey, que professaram dar-nos um ensinamento esotérico mais completo e profundo para a época atual. O último capítulo da Parte Um abordará outras escolas esotéricas, a saber: a teosofia cristã, a cabala e a alquimia.

O leitor deve compreender que a intenção do autor não foi criar uma enciclopédia de escolas esotéricas e suas ideias,[1] mas sim apresentar várias camadas de um quadro genérico e, quem sabe, compreensível. A ordem da abordagem dos ensinamentos essenciais *dessas* escolas foi considerada um meio de propiciar isso. O resultado deve ser visto como uma nova interpretação dos esquemas existentes e uma nova oferta sintética – uma filosofia esotérica única e coerente, que tem um caráter distintamente aritmosófico e oferece uma teogonia excepcionalmente vital. A nova interpretação pode servir de base para a nova área do esoterismo comparado (ver Figura 7), e a nova oferta tem como pano de fundo um "mapa-padrão da filosofia perene" que não deixa de ter suas deficiências metafísicas (ver Capítulo 13).

A Parte Dois abordará mais detalhadamente o caminho iniciatório ou espiritual que conduz, como veremos, a um destino ao mesmo tempo familiar e surpreendente. No esoterismo, o caminho espiritual não é simplesmente a ciência da autorrealização; ele tem um contexto cósmico e teleológico mais amplo. Esse contexto será identificado, e a relação entre iniciações ocultas e experiências místicas transculturais comuns (como o "evento da consciência pura" e a "noite escura da alma") será discutida. A Parte Três abordará o tema das visões de mundo em mutação, partindo do modernismo e indo além do pós-modernismo. Também abordará a linha de pensamento psicoespiritual (passando por Carl Jung, Roberto Assagioli e Ken Wilber) que talvez tenha servido, mais que qualquer outra coisa, para recolocar em discussão a ideia da filosofia perene. O último capítulo finaliza o livro apresentando os "desafios" da visão esotérica – desafios que se aplicam tanto à visão de mundo da física clássica e do humanismo secular quanto a alguns pontos de vista dessa "nova era", que é a era holística contemporânea.

Introdução histórica

A criação do termo *philosophia perennis* é geralmente atribuída a Gottfried Wilhelm Leibnitz (1646-1716), que o usou para expressar aquilo que era necessário à conclusão do seu próprio sistema. De acordo com W. T. S. Thackara, esse sistema consistia numa análise eclética da verdade e da falsidade de todas as filosofias antigas e modernas, por meio da qual, segundo o próprio Leibnitz, "se extrairia o ouro da escória, o diamante de sua mina, a luz das sombras".[2] Assim, a filosofia perene seria o fruto de um determinado projeto analítico, e desde Leibnitz tem havido opiniões divergentes entre os filósofos quanto à possibilidade de uma filosofia "definitiva" já ter sido alcançada ou ser alcançável, e quanto ao fato de essa ideia não ser simplesmente a ideia da própria filosofia. Certamente podemos falar da perenidade da filosofia e da universalidade de certas questões e preocupações.

O próprio Leibnitz não se proclamava inventor do termo: ele o extraiu de uma obra anterior, *De Perenni Philosophia* (1540), do teólogo Agostinho Steuco (1497-1548). Para Steuco, o objeto era uma verdade absoluta originalmente revelada, isto é, outra forma de dizer uma *prisca* teologia. Para Frances Yates, importante estudioso anterior do esoterismo, a *prisca* teologia era a "fonte prístina da iluminação que emana da *Mens* Divina".[3] O conceito de uma filosofia perene como a primeira (e presumivelmente também a última, já que é absoluta) sabedoria é muito antigo. Thackara dá como exemplo o estadista romano Marco Túlio Cícero (106-43 a.C.), que se referia a uma religião-Sabedoria original e universal. A sabedoria absoluta seria absoluta por ser a sabedoria de Deus – *Teo-sofia* –, e o termo tem sido usado sobretudo por autores esotéricos, desde Amônio Sacas, no século III, a Helena Blavatsky, no fim do século XIX, e nos dias de hoje.

Aldous Huxley: A filosofia perene

Aldous Huxley apresenta seu livro *The Perennial Philosophy* (1944)[1*] como uma antologia da filosofia perene, com seus princípios e temas. Nele o autor argumenta que a sociedade ideal depende da disseminação e da aceitação generalizada de uma forma da filosofia perene. Com o termo "uma forma", ele se refere a uma distinção entre a *própria* filosofia perene como Realidade Divina e os esquemas metafísicos que constituem tentativas de formulá-la. A Realidade Divina não pode ser direta e imediatamente apreendida "senão por aqueles que optaram por cumprir certas condições", diz ele, acrescentando que "para poucos filósofos pro-

---

1*A *Filosofia Perene*, publicado pela Editora Cultrix, São Paulo, 1991. (Fora de catálogo)

fissionais [...] há algum indício de que se fez algo de significativo no sentido de cumprir as condições necessárias".[4] Portanto, da Realidade Divina temos apenas conceitos ou relatos de segunda mão, que nos fornecem, porém, material para reflexão. Além disso, podemos transcendê-los para chegar à Verdade em si se nos submetermos à mesma disciplina espiritual que aqueles que "trilharam o Caminho" antes de nós.

Entre os temas abordados por Huxley incluem-se: a) a caridade, cujo verdadeiro sentido é o amor divino (que é, ele mesmo, incondicional), e não simplesmente a bondade ou a esmola, b) o valor dos ritos e símbolos – importantes como indicadores, porém a distinção entre rito/símbolo e realidade deve ser claramente reconhecida, e c) tempo e atemporalidade – devemos entender que a razão de toda a existência não é "meramente um *continuum*, ela também está fora do tempo".[5] Entre os princípios da filosofia perene por ele arrolados (com base em fontes religiosas tradicionais do Ocidente e do Oriente) estão: 1) a imanência e transcendência de Deus como uma "Consciência Pura" que vive o eu humano como um ator vive seu personagem, tornando o mundo multíplice de nossa experiência cotidiana "real com uma realidade relativa [...], mas essa realidade relativa existe dentro e por causa da Realidade absoluta",[6] 2) o princípio de que a obra a ser realizada pelos seres humanos é a união em consciência com Deus – o que exige que nós, em certa medida, "morramos para o eu", para "dar espaço" a Deus,[7] e 3) o princípio de que, em nenhuma era, Deus ou a Realidade Divina deixou a Si Mesmo (ou a Si Mesma) sem representação por meio de profetas/místicos e seus ensinamentos.

O ESTUDO DO ESOTERISMO OCIDENTAL
O campo hoje em dia

O esoterismo ocidental é um campo acadêmico relativamente novo e, como tal, ainda não há consenso sobre o que deve ser incluído e excluído do estudo. "Ocidental" é um termo, no qual estão, ou deveriam estar, inseridos um budismo esotérico, um taoismo esotérico etc.; o mesmo se aplica ao campo do esoterismo por oposição àquele mais estabelecido do misticismo. Em seguida há o problema – não restrito ao tema do esoterismo (como apenas um tema sob a rubrica do estudo da religião) – do metaempírico, que sobrepuja a todos os demais. O termo grego *esoterikos* é formado com o acréscimo de *eso* – que significa "interior" – e do sufixo *-ismo* – que pode denotar um sistema, um princípio ou um movimento ideológico (como em marxismo), ou uma ação ou seu resultado (como em batismo). Atualmente, o esoterismo que se estuda é uma linha de pensamento histórica, algo que poderíamos chamar de tradição "subterrânea" do pensamento ocidental, ligada a escolas como as abordadas na Parte Um.

O interesse aqui, como afirma Wouter J. Hanegraaff, é lançar luz sobre "correntes históricas específicas inter-relacionadas [particularmente] na cultura ocidental moderna e contemporânea que foram em grande parte negligenciadas ou desconsideradas pelas gerações anteriores". O objetivo disso é preencher "graves lacunas em nosso conhecimento, que têm efeitos previsivelmente negativos sobre a compreensão da nossa própria herança cultural".[8] Entre outros estudiosos da área encontram-se Antoine Faivre, Jean-Pierre Brach, Nicholas Goodrick-Clarke, Arthur Versluis, Joscelyn Godwin e Kocku von Stuckrad. A abordagem geralmente promovida (quando não prescrita) é a "agnóstico-empírica". O que é observável para todos nós (com algum esforço e com a mente humana comum) são as *concepções* dos esoteristas, e não *de* que essas concepções são ou podem ser (da Realidade Divina). Essas concepções, à medida que as formos abordando, serão apresentadas de maneira "neutra" (isto é, sem que haja manifestação de uma opinião acerca de sua veracidade), e este estudioso do esoterismo ocidental não é – que fique claro desde já – *operacionalmente* um esoterista, mas sim, de acordo com a distinção proposta por Faivre, um "esoterólogo".[9]

Um dos problemas dessa abordagem é o seguinte: tome-se, por exemplo, o livro *Occult Science: An Outline* (1910), de Rudolf Steiner. Se quisermos, poderemos dissecá-lo em sua estrutura conceitual e relatar os conceitos depreendidos como dados nossos, mas esses dados não seriam os do estudo *de Steiner*. Versluis, por sua vez, propõe outra abordagem, que chama de "simpático-empírica". Se quisermos transmitir com precisão e adequação a visão de um esoterista, não temos outra alternativa senão colocar-nos até certo ponto em sua "pele mental": "É essencial que os estudiosos entrem, no mínimo, num processo de participação imaginativa", afirma ele. "Porém irei além, [...] sugerindo que, para entender plenamente o que estamos estudando, há um ponto neste campo [...] no qual a experiência do praticante assume mais importância que o conhecimento meramente acadêmico." [10]

O praticante aqui é o esoterista, a pessoa cuja experiência decorre de trilhar o Caminho com tudo que isso implica, inclusive o desejo de renascimento espiritual, em primeiro lugar. Versluis é uma autoridade em teosofia cristã (escola associada principalmente ao nome de Jacob Boehme), e Boehme afirmou: "Ninguém deverá imaginar ou desejar encontrar o lírio do botão celestial com busca e estudo profundos se não estiver imbuído de sincero arrependimento no Novo Nascimento, para que este cresça em si".[11] A motivação central do próprio estudioso, afinal, é o que determina como e o quê na abordagem. Como pensadores influenciados pelo *Zeitgeist* pós-moderno, poderíamos automaticamente rejeitar a ideia de uma filosofia suprema e imprimir essa "compreensão correta" em nossos alunos. Porém Jacob Needleman, por exemplo, insiste no esoterismo que é o "movimento dentro de cada um em direção à liberdade interior ou, em outras palavras, em direção a Deus".[12] Hanegraaff acredita que há "espaço mais que suficiente para que distintas abordagens se complementem e concorram entre si de maneira construtiva, num contexto geral de pluralismo metodológico".[13] Se isso inclui a abordagem do praticante é, evidentemente, a grande questão.

Uma abordagem "etnometodológica" ou gnóstica

"Uma abordagem empírica ou fenomenológica da 'tradição alternativa da realidade', por mais que revele sobre sua localização e influência no mundo do pensamento, não pode por si só levar a nenhuma verdadeira compreensão de seu conteúdo essencial", afirma William Quinn.[14] Se desejarmos realmente entender o esoterismo, a única abordagem é a de um *"insider"*, ou seja, de alguém que conhece alguma coisa por dentro. Afinal, "tentar uma fenomenologia do númeno é uma inversão não apenas semântica, mas também metafísica".[15] "A hora da catalogação racionalista de 'erros supersticiosos do passado' [...] acabou há muito tempo", afirma (ou, talvez, espera) Versluis, "porém permanecem outros riscos, os quais vão desde a ingenuidade crédula, num extremo, à objetificação hiperintelectual, no outro".[16] O campo visa estabelecer-se na academia, mas a própria natureza desse campo levanta sérias questões quanto à motivação do estudioso e, por fim, quanto a sua *lealdade* (à comunidade acadêmica, com sua meta de conhecimento objetivo, ou à comunidade mais ampla da vida, com sua meta de autorrealização). O tempo dirá se podemos ter palestras assistidas e proferidas tanto por esoterólogos quanto por esoteristas. O mesmo vale para a aceitação de que o "religionista", para usar um neologismo, possa não ser simplesmente um crente, mas alguém que conhece a Realidade Divina por meio de sua prática.

Sem dúvida, a abordagem empírico-histórica é útil no preenchimento de lacunas em nossa herança intelectual, e muitos dos próprios esoteristas foram historiadores ou, no mínimo, incorporaram muita pesquisa histórica à sua obra (G. R. S. Mead e Manly P. Hall, por exemplo). Mas quando o registro histórico é capitalizado, há o risco de perder de vista o essencial e/ou deixar de transmiti-lo com eficácia. Se fosse fazer uma "refeição", o leitor receberia a "entrada" (a história da escola esotérica) e a "sobremesa" (a influência histórica dos ensinamentos dessa escola no mundo das ideias), mas teria de procurar em outro lugar o "prato principal" (o conteúdo profundo dos ensinamentos esotéricos). Alguns estudiosos aparentemente se contentam em apresentar a visão de apenas um esoterista ou escola, ao passo que outros põem-se a definir os limites do campo acadêmico e/ou a situar o esoterismo na história das ideias.[17] Talvez caiba a um autor de formação não tão tradicional a tentativa de apresentar um panorama do esoterismo como um todo.

> Que os que detêm honrarias e cargos públicos ou estão sempre entretidos com atividades particulares e necessárias não tentem alcançar o acme desta Filosofia, pois ela requer o homem por inteiro e, ao ser encontrada, o possui e, quando isso acontece, ela o afasta de todas as demais atividades que exigem tempo e dedicação, pois ele julgará estranhas e destituídas de valor todas as outras coisas.

> Jean d'Espagnet[18]

Apesar do possível exagero, é verdade que a Grande Obra exige dedicação em "tempo integral", vindo a prática teúrgica antes da atividade erudita. Podemos ser tanto esoteristas quanto esoterólogos, porém o que tem importância crucial é que não precisamos ser esoterólogos para ser esoteristas. Além disso, apesar de poder despertar em nós a necessidade de agir e não apenas falar, a prática da esoterologia é completamente diferente da prática do esoterismo. Afinal, podemos fazer um doutorado em ciências do esporte sem necessariamente ser atletas. Podemos conhecer todas as teorias, todas as conceitualizações sobre a "grande área" – e, inclusive, ter lido todas as descrições que os atletas fazem dela – sem ter tido, na prática, nenhuma experiência pessoal do jogo. Só com essa experiência pessoal é que podemos realmente conhecê-*la* e saber *o que* ela é.

Se os dados da prática A (esoterologia) indicarem que não existe filosofia perene, é porque essa prática está lidando com ideias, e não com o que possamos chamar de "métrica do ser". É exatamente com isso que lida a prática B (esoterismo). O mundo acadêmico está dividido em disciplinas, assim como o mundo geopolítico está dividido em nações, e é preciso que haja uma abordagem transdisciplinar dos problemas epistemológicos, assim como é preciso que haja uma abordagem transnacional dos problemas globais. Porém, contaminados pelo vírus da pós-modernidade (ver Capítulo 10), achamos fácil ser "inter-" e "multi-", mas difícil ser "trans-". Nosso mal *é* a convicção de que o nível mais profundo do homem e da verdade é a cultura e a linguagem, respectivamente.

O procedimento e suas implicações

Toda a essência do esoterismo está em "verdades ocultas", verdades que se escondem a todos, com exceção daqueles que seguem o "procedimento" necessário para conhecê-las e à sua natureza. Esse procedimento envolve o estudo de textos *como atividade de apoio apenas*, com isso implicando que, por mais que possa revelar acerca de um domínio empírico que chamamos de "pensamento esotérico ocidental", a pesquisa acadêmica comum sempre continuará, por sua natureza limitada (sendo não procedimental), girando em órbita do verdadeiro material. A "estação espacial" que é o mundo do pensamento sobre o esoterismo será para sempre um fluxo da forma; o verdadeiro material, por não ser de modo algum feito da matéria dos pensamentos, será para sempre imutável, não só "sabedoria" como também "atemporal".

Quando alguém segue o procedimento, torna-se um esoterista, e seu projeto de compreender o esoterismo encontra respaldo na experiência do domínio esotérico – ou, melhor dizendo, na verdade começa com ela. De tal espécie é essa experiência que eclipsa a mera "mastigação mental". A vastidão do conhecimento dos praticantes depende do seu grau de obediência ao procedimento e do tempo que já levam fazendo isso. Portanto, as representações da Sabedoria Atemporal em forma sistêmica serão mais ou menos adequadas e completas – e, em todo caso, idiossincráticas, condicionadas pela formação e pelo equipamento intelectual do esoterista. Nosso estudo da vida e da época do esoterista como *fundamentalmente causais* é incorreto.

Quando alguém descobre que colocar a mão numa chama dói (por causa desse ato), não pode continuar sendo "agnóstico" nessa questão e passa a arcar com uma responsabilidade *didática*. Ao fazer isso, essa pessoa até certo ponto se exilará da comunidade de que antes fazia parte (nesta analogia, a das crianças pequenas que ainda não sabem que colocar a mão numa chama provoca dor). *É* honestidade intelectual admitir a incerteza quando ela existe, mas, quando ela *não* existir, fazê-lo será não só desonesto como também *pernicioso* (o mundo precisa ser constantemente lembrado da existência daquela que é "a Tradição", tendo isso em si um efeito salvífico). Por isso, achamos que a voz do esoterismo é *diáfana*, de acordo com a definição de David A. Dilworth.[19] Trata-se de um salto quântico que podemos não querer dar, mas temos de aceitar que não há apenas crentes e observadores e suas perspectivas "êmicas" e "éticas", respectivamente. Além disso, temos de considerar a responsabilidade do erudito, tendo em vista seu *status* de "*expert*" na sociedade, com respeito à mensagem que transmite. Dizer que não existe uma filosofia perene no pensamento ou na linguagem não seria incorreto (nem irresponsável). Dizer que não existe uma filosofia perene de modo algum já é outra questão.

A proposta do autor para os colegas que estudam a área é que resistimos à hegemonia do naturalismo e às tentações do pós-estruturalismo, não por aceitarmos uma crença religiosa, mas por conhecermos a prática gnóstica. Embora não afirmemos uma visão perenialista,[20] sim afirmamos a injunção perene "homem, conhece-te a ti mesmo". Não transformamos nossas salas de aula em escolas de mistérios nem evangelizamos, mas incentivamos a contemplação e a análise do esoterismo, conforme este se manifesta no pensamento, na literatura e *em nós mesmos*. Pois, no momento em que alguns cientistas acreditam estar perto de uma teoria acabada de tudo e a transformação do conhecimento (e tudo mais) em mercadoria prossegue célere, o esoterismo como tema não é uma religião nem um mero tópico para debate, mas sim uma advertência – uma saudável bofetada.

PARTE UM
A FILOSOFIA PERENE

1 O esoterismo em seus primórdios

GNOSTICISMO

Na antiguidade, durante os primeiros séculos da era cristã, centrada na cosmopolita cidade egípcia de Alexandria, havia inúmeras seitas e movimentos religiosos, alguns dos quais dentro do então nascente cristianismo, que tinham como visão central a essência do homem como "centelha divina" ou "sonhador" que precisa despertar para a Realidade Divina por obra da gnose. Essa palavra é muitas vezes definida como conhecimento intuitivo ou salvífico, e para esses primeiros esoteristas, o homem era visto como detentor de uma faculdade (que só precisava ser desenvolvida) de intelecção superior, por meio da qual se poderia ter conhecimento direto da Realidade Divina. Os gnósticos não se satisfaziam – nem era essa sua pretensão – em "conhecer" por meio da gnose alheia. Eles tinham de iniciar-se eles mesmos nos Mistérios – embora, ao mesmo tempo, se admitisse que grandes vultos redentores-reveladores tivessem mostrado o caminho aos seres humanos. O termo "gnosticismo" foi uma invenção posterior: os vários grupos e escolas da época geralmente tinham o nome de seus líderes ou fundadores (por exemplo, Simão Mago, Bardesanes, Basílides e Valentino).

Os ensinamentos desses primeiros gnósticos chegaram até nós principalmente por meio da biblioteca de escritos cópticos da Biblioteca de Nag Hammadi, descoberta em 1945, e também de alguns códices descobertos anteriormente e das referências dos heresiólogos pais da igreja cristã. A origem do pensamento gnóstico é objeto de debate acalorado: um dos problemas é a semelhança com muita coisa do pensamento grego anterior (principalmente do pitagorismo e do platonismo), do pensamento de algumas seitas místicas judaicas (por exemplo, dos essênios), do culto a Serápis e dos mistérios mitraicos e eleusinos, das religiões do mandenismo e do maniqueísmo, mais ao leste (onde hoje estão o Iraque e o Irã), e do hermetismo (no qual Hermes é o redentor-revelador). Daí a insistência de alguns pensadores numa religião-Sabedoria universal mais antiga. Certamente podemos falar de um gnosticismo *cristão* no qual Cristo é o redentor-revelador, embora precisemos considerar até que ponto isso não foi apenas uma tentativa de alguns gnósticos – que tinham uma religião "toda sua" – de infiltrar-se e influenciar o cristianismo antes de sua codificação ortodoxa. É interessante observar que, no século II, por exemplo, Valentino por pouco não se elegeu Bispo de Roma. Além disso, só depois do Concílio de Niceia, em 325, foi que Jesus como o filho único do Deus-Pai (e não simplesmente um mestre do conhecimento) tornou-se a doutrina cristã oficial.[1]

FIGURA 1: O COSMOS GNÓSTICO

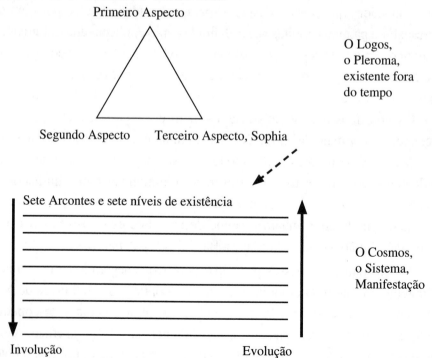

Uma cosmologia gnóstica comum apresentava uma unidade espiritual original e transcendental como Deus supremo, o *Logos*, e como "plenitude", o *Pleroma*. Alguns pensadores gnósticos (por exemplo, Simão Mago) enfatizavam três aspectos desse Deus, dando-nos uma Divindade tríplice (como no cristianismo ortodoxo), com *Sophia* (Sabedoria) ocupando a posição do Espírito Santo. Para muitos gnósticos, o cosmos manifesto (e aqui a melhor definição de *cosmos* talvez seja "sistema") dispunha de sete níveis de existência, e em sua manifestação estava o reino dos sete *Arcontes* (regentes ou criadores), de algum modo relacionados aos sete planetas (Saturno, Júpiter, Marte, o Sol, Vênus, Mercúrio e a Lua). O principal entre os Arcontes, identificado com a materialidade, era o *Demiurgo*. Os seres humanos encontram-se no cosmos manifesto e contêm uma centelha de Deus (*pneuma* ou espírito) – esse é um dos nossos aspectos, sendo os outros dois nossa forma na manifestação (*hyle*) e o aspecto intermediário da *psyche* (alma ou consciência).

Há uma "Grande Obra" a ser realizada pelos seres humanos, que é a união em consciência com Deus – a volta das centelhas à chama, por assim dizer. Antes disso, eles "dormitam em sua prisão material, com a percepção de si entorpecida por forças da materialidade e da mente", afirma Stephan Hoeller.[2] De acordo com o ensinamento de Bardesanes, Cristo desceu pelos sete níveis até a encarnação física (encontrando-se, como nós, na manifestação) e depois ascendeu por eles (como nós faremos um dia). Podemos encontrar aqui justificativa para uma perspectiva involucionário-evolucionária, e no gnosticismo também está presente um conceito de Sophia (parte de uma Divindade que está fora do tempo, lembre-se) como "princípio materno" dos Arcontes, o que, de um certo ângulo, torna essas potências espirituais parte de um plano *redentor*. No sistema de Valentino, não se deve portanto odiar o cosmos manifesto nem renunciar à vida material (embora a face do gnosticismo, no todo, demonstre aversão ao mundo sensível) porque, como afirma David Brons, tudo era "parte do processo de redenção".[3]

NEOPLATONISMO

Como "gnosticismo", "neoplatonismo" é um termo moderno. Os neoplatônicos diziam-se platônicos – ou, pelo menos, viam-se como continuadores da obra de Platão, considerado membro de uma longa linhagem de mestres da Sabedoria em que se incluíam Pitágoras, Orfeu e Zoroastro (ao qual se atribuem os *Oráculos Caldeus*). Essa Sabedoria tinha numa Divindade – o Único ou Supremo Princípio – a fonte de que tudo flui sem dela separar-se nem comprometer sua refulgência. A Divindade pode, assim, ser entendida como ao mesmo tempo transcendente e imanente, já que o fluxo não é um processo temporal, "mas história atemporal". Além disso, muitos neoplatônicos admitiam o Único e *Únicos* – Deus e Deuses (portanto, talvez sistema e sistemas), sendo estes entendidos por Manly Hall como modos de consciência universal ou "graus de percepção no espaço".[4]

Com essa visão de Deus e Deuses, havia no neoplatonismo uma afinidade com o politeísmo, além de uma tendência filosófica eclética, com a fundação por Amônio Sacas (de quem pouco se sabe, mas que é muitas vezes apontado como o primeiro neoplatônico) de uma escola de objetivos semelhantes aos da moderna Sociedade Teosófica. Ao contrário do gnosticismo, o neoplatonismo enfatizava a obtenção de *conhecimento* unitivo, em vez de *existência* unitiva (poderíamos traçar uma analogia e dizer que o gnóstico se comparava a alguém cujo desejo é ser um grande atleta, enquanto o neoplatônico se assemelhava a uma pessoa cujo desejo é descobrir o segredo do sucesso no atletismo, embora tal segredo não seja revelado senão àquele que estiver *no* atletismo, isto é, alguém que seja um atleta). Havia uma verdadeira prática filosófica com essa meta, a qual era uma formação longa e difícil. O filósofo plenamente formado era, desse modo, um iniciado nos Mistérios, e não simplesmente alguém treinado em raciocínio analítico – que, segundo Hall, "é um impulso separativo cuja tendência natural é decompor os similares em dissimilares e, assim, dar-lhes ênfase indevida".[5]

Intelecto Divino (Noûs)	– Pensador Divino	
Razão discursiva	– pensador discursivo	Alma
Faculdades inferiores	– ser inferior	

O neoplatonismo apresenta um Intelecto Divino – ou *Noûs* – como a faculdade pela qual podemos conhecer as Ideias Divinas, que são as leis e a estrutura formulaica do cosmos (o sistema logoico em que nos encontramos). O sábio indiano Patanjali falou de uma "nuvem carregada de coisas cognoscíveis", que talvez sejam essas mesmas Ideias. Em sua manifestação superior, a Alma (do iniciado) era o Pensador Divino. No homem intelectualizado, porém não iniciado, ela era o pensador discursivo, e a Alma de fato se manifestava em todo ser/todos os seres. No neoplatonismo, não eram só os seres humanos que tinham uma "Grande Obra" a realizar – de algum modo, todos os seres ascendiam ou evoluíam até Aquele que tinham à frente, tendo incutida em sua natureza a determinação de fazê-lo (ou uma premência ascendente natural). Peter Kingsley expressa da seguinte maneira essa visão neoplatônica: "Todo ser humano é um imortal inconsciente. Porém isso é o mínimo. [...] A vida imortal está em toda parte, [...] ansiando no íntimo por voltar ao lar".[6] A verdadeira prática da filosofia exigia, além de estudo, purificação moral e prática mística – e , no que se refere a esta última, Hall acredita que os neoplatônicos conheciam formas de meditação próprias da Ásia.[7] Poderíamos perguntar-nos se entre elas estava o Raja Yoga de Patanjali.

Depois de Sacas, alguns pensadores neoplatônicos de destaque (o neoplatonismo foi uma importante corrente de pensamento nos seis primeiros séculos; a Academia Platônica de Atenas só foi fechada em 529) foram Plotino, Jâmblico, Proclo e Macróbio. Plotino foi discípulo de Sacas (dois outros foram Porfírio e Orígenes), e sabe-se do seu ataque aos gnósticos que demonizavam o mundo material. No neoplatonismo, o nível inferior da realidade pode ser visto como o mais tenebroso (ou seja, o que mais esconde a luz divina). No entanto, como ao mesmo tempo revela a Alma, ele deve ser bom ou, pelo menos, aceito de maneira neutra, nem positiva nem negativa. Jâmblico escreveu um tratado sobre os Mistérios do Egito, advertindo contra uma abordagem puramente intelectual (isto é, uma abordagem que prescinda de purificação moral e prática mística). No sistema de Proclo, encontramos uma divisão do Uno numa Tríade (Três em Um). E, como observa Antoine Faivre, Macróbio pregou que o Intelecto Divino era comum tanto aos seres humanos quanto aos celestiais (Deuses).[8]

HERMETISMO

Hoeller e Hall descrevem o hermetismo como uma forma pagã de gnosticismo, com os mesmos conceitos de uma trindade divina e uma manifestação septúplice. No hermetismo era Hermes, e não Cristo, o redentor-revelador e, como os neoplatônicos, os hermetistas viam a existência terrena mais como uma oportunidade que uma prisão. A "Queda do Homem" era um descenso valioso que permitira a redenção ou glorificação do mundo por meio da criação de um "Céu na Terra". Os principais textos herméticos, que fazem parte de um conjunto denominado *Corpus Hermeticum*, foram escritos no século II ou III.[9] Seu lendário autor foi Hermes, figura que aparece na mitologia grega como mensageira dos deuses (e detentora do bastão simbólico do caduceu), cujo equivalente romano era Mercúrio, também identificado com o deus egípcio da sabedoria, Toth. Na tradição esotérica mais ampla que vem até nós, o "três vezes grande" Hermes (Hermes Trismegisto) era um antigo filósofo-sábio que foi o primeiro a proclamar-se "a luz do mundo" e ensinava como se poderia atingir a imortalidade ligando a consciência humana à luz que era a consciência divina.

Um dos temas mais centrais do hermetismo era a ideia das iniciações espirituais. Se a escola gnóstica era mais como um *ashram*, a escola hermética parecia-se mais com uma sociedade secreta – "uma espécie de loja maçônica", diz Gilles Quispel[10] – onde os alunos aprendiam sobre a iniciação que os levaria a unir-se a seus irmãos mais avançados em *Superbia* (entendida tanto como uma condição psíquica quanto como uma espécie de "reino"). Esse Caminho (em geral escrito com maiúscula) era a "Restauração", e aparentemente o hermetismo estabeleceu uma relação mais estreita entre a Grande Obra do indivíduo e tanto seu resultado quanto a obrigação ao longo do Caminho daqueles agraciados com o sucesso nele: a "celestialização" do mundo. O hermetismo pregava uma Grande Cadeia da Existência desde Deus até as rochas, passando por Deuses, anjos, sábios, homens, animais e plantas, com cada ordem "mentoreando" de algum modo a ordem que estivesse abaixo (ou, pelo menos, isso era o que se supunha que devessem fazer). Num dos textos herméticos, *A Chave*, Hermes diz a seu discípulo Tat: "Os seres superiores cuidam dos inferiores; os Deuses, dos homens; estes, dos animais irracionais e Deus, de tudo".[11] Essa organização hierárquica e "educacional" da natureza seria o modelo da organização da sociedade humana.

O ponto, a linha e o círculo

No hermetismo, assim como nos ensinamentos de muitos gnósticos e neo-platônicos, havia três tipos de homem: o não desperto ou material, o que está despertando ou psíquico e o desperto ou espiritual. Hall – para quem não há diferenças essenciais entre as três escolas – discute no livro *Lectures on Ancient Philosophy* (1929) os símbolos do ponto, da linha e do círculo, que estão relacionados a esses três tipos. O ponto representa o espírito ou pneuma e a linha, a alma ou psique involucionário-evolucionária (aqui a visão descendente-ascendente do gnosticismo é substituída por um quadro exterior-interior). O círculo representa a extensão manifesta do sistema. O homem não desperto identifica-se com o círculo, o que está despertando, com a linha e o desperto, com o ponto. Se, como afirma Huxley, Deus é a Consciência Pura que vive o espírito humano como um ator vive seu personagem, os não despertos são aqueles cuja percepção se iguala à dos personagens da peça, que ignoram sua condição; os que estão despertando são aqueles que estão começando a perceber (por meio de iniciações sucessivas) a ilusão de seus personagens; e os despertos são aqueles cuja percepção está unida ao ator ou autor divino. Com essa união, segundo Plotino, "o homem muda, já não é ele mesmo nem pertence a si; funde-se ao Supremo, nele mergulha, torna-se uno com ele: centro colide com centro".[12]

FIGURA 2: O SISTEMA HERMÉTICO

O ponto, o centro (fora do tempo); a linha, involução; o círculo, a extensão do sistema, manifestação. Assim, podemos representar o círculo reduzindo-se até alcançar o ponto, com a linha sendo dessa vez a Restauração, evolução, e com isso o sistema é redimido, glorificado.

2 Tradicionalismo

A tradição esotérica ocidental das correntes teo-sóficas (ou religião-Sabedoria universal do Ocidente, a depender da perspectiva que se adote), prosseguiu graças principalmente aos cátaros e bogomilos gnósticos dos séculos X-XIII; aos cabalistas, hermetistas e alquimistas da Idade Média e da Renascença; ao rosacrucianismo[1] e à teosofia cristã do século XVII; ao martinismo,[2] ao cristianismo de Swedenborg e a uma franco-maçonaria esotérica do século XVIII, além de um ocultismo hermético associado aos nomes de Éliphas Lévi e, posteriormente, de Aleister Crowley, Israel Regardie e Franz Bardon, a partir do século XIX. Com o advento da Teosofia de Blavatsky na virada do século XX, incorporaram-se termos budistas e hinduístas ao vocabulário esotérico ocidental, podendo-se dizer que o esoterismo então adquiriu (ou retomou, se pensarmos no neoplatonismo) uma feição "comparatista". Os pensadores ocidentais em geral descobriram as religiões orientais após a Renascença, e J. J. Clarke reconstrói essa história no livro *Oriental Enlightenment: The Encounter Between Asian and Western Thought* (1997). Um fato-chave para esse encontro, segundo esse autor, foi o primeiro Parlamento Mundial das Religiões, ocorrido em 1893. Além de propiciar uma oportunidade para que as religiões orientais falassem por si (em vez de ter como porta-vozes filósofos e teólogos ocidentais), o evento impulsionou o estudo acadêmico da religião comparada e, posteriormente, o movimento Inter-religioso.[3]

Para Clarke, como disciplina, a religião comparada nasceu da filologia comparada – ou seja, a ciência da religião teria surgido da ciência da linguagem. Vivemos num mundo de muitas línguas e muitas religiões, mas será que poderia ter havido, num passado longínquo, ou haver, num presente igualmente longínquo (por ser dependente do conhecimento), uma única religião-Sabedoria universal, com sua própria linguagem simbólica? Essa ideia não havia sido descartada até o fim do século XIX, apesar do aparente "triunfo" final da razão iluminista sobre a metafísica e a religião tradicional, com os novos positivistas, evolucionistas e socialistas. Segundo Richard Tarnas, para essa nova geração de pensadores materialistas, "este mundo do homem e da matéria era claramente a única realidade demonstrável".[4] Contrários a essa visão eram os membros de muitos grupos esotéricos, como a Ordem Hermética da Aurora Dourada, a Ordem Martinista e a Igreja Gnóstica, todos fundados cinco anos antes do Parlamento (a Sociedade Teosófica foi fundada em 1875). A eles devemos acrescentar vários intelectuais do fim do século XIX e início do século XX, entre os quais René Guénon (1886-1951) – que, como registra Jean Borella, na juventude fora ligado à Ordem Martinista e à Igreja Gnóstica.[5]

Apontado pelos estudiosos como fundador da escola "Tradicionalista", Guénon acreditava numa filosofia perene (o termo que usava era *Sophia Perennis*) como um conhecimento superior, ao qual se poderia ter acesso por meio da "intuição intelectual". Essa Sabedoria Primordial – termo que viria a ser usado por outros Tradicionalistas – não era invenção de nenhuma cultura específica nem um conjunto recorrente de princípios metafísicos interdependentes *per se*. Porém a(s) Verdade(s) encontrava(m) expressão por meio de símbolos comuns às principais religiões do mundo, por meio principalmente de sua literatura sapiente. O indivíduo que se propõe a obra da gnose descobre esses símbolos – o que eles são – em sua tradição religiosa, e por isso podemos falar de um cristianismo esotérico, um hinduísmo esotérico etc., mas também de praticantes do esoterismo que têm uma "religião" toda própria. Na visão de Guénon, podemos assim dispor numa tabela de "conhecedores" (que podem ser vistos como relacionados, nessa ordem, ao Pensador Divino, ao pensador discursivo e seu raciocínio unicamente analítico e à Alma, ainda não manifesta como o homem intelectualizado porém não iniciado do neoplatonismo):

1. Esoteristas (praticantes)
2. Filósofos, teólogos (teóricos)
3. Crentes

Tradição e tradicional

Os estudiosos falam de uma tradição esotérica ocidental. Guénon falava simplesmente de "Tradição". Algo que tem origem no passado e continua no futuro seria uma tradição, mas Guénon queria chamar-nos a atenção para a *Sophia Perennis*/Sabedoria Primordial baseada no Sempreterno (ver a próxima seção). A maioria dos tradicionalistas, porém, contenta(va)-se em falar *da* Tradição (a tradição da Tradição, se quisermos) e detectar culturas que sejam (ou fossem) mais ou menos tradicionais em sua visão de mundo (que vissem pelo menos alguma realidade na "centelha divina") e, por conseguinte, em suas instituições, costumes, valores e produções. Entre outros expoentes do Tradicionalismo – ou a ele associados – estão Ivan Agueli (1869-1917), Ananda Coomaraswamy (1877-1947), Julius Evola (1898-1974), Henry Corbin (1903-1978), Mircea Eliade (1907-1986), Frithjof Schuon (1907-1998), Titus Burckhardt (1908-1984) e Philip Sherrard (1923-1995). Para todos eles, nossa cultura ocidental moderna (pós-medieval) não é Tradicional e, poderíamos inclusive reconhecer, é até *anti*Tradicional, diferindo de praticamente todas as demais culturas anteriores do planeta. Portanto, a modernidade assistiu à "degeneração" (como disse Evola) da civilização humana numa era de trevas, onde a luz da Tradição se extinguiu ou, na melhor das hipóteses, só brilha debilmente.

ALGUNS PRINCÍPIOS TRADICIONAIS
Quantidade e qualidade

O personagem da peça – o homem – olha "horizontalmente" para fora, para a realidade aparente "[d]este mundo do homem e da matéria". Essa é a dimensão quantitativa, empírica, que se opõe à dimensão metafísica. "Epistemologicamente, a quantidade se correlacionaria ao raciocínio discursivo", afirma Quinn.[6] E, epistemologicamente, a qualidade se correlacionaria ao conhecimento – à dimensão qualitativa do mundo da realidade espiritual, ou àquilo que o iniciado vê ao olhar "verticalmente" para dentro. Simbolicamente, a quantidade corresponde ao braço horizontal da cruz bidimensional e a qualidade, ao braço vertical. Sociologicamente, "quantitatização" é a democratização e a média, e "qualitatização" é a hierarquização da ordem social, com base no *locus* daquele que sabe (no quanto ele despertou do sonho). O quantitativo *per se* não é o inimigo; o inimigo é a negação do qualitativo, tão disseminada no pensamento e na cultura ocidental moderna (que rapidamente se tornam globais). Cabe a nós redescobrir individual e culturalmente a dimensão qualitativa e, para Coomaraswamy em particular, a chave para isso estava numa forma de educação tradicional.

O Absoluto, o Uno, involução e evolução

Se o mundo em algum sentido é ilusão, "ficção", o Deus ou Logos que está por trás de um sistema cósmico (os tradicionalistas, como alguns neoplatônicos, reconhecem Deus e Deuses) é o que se poderia chamar de uma "máquina de imaginar". Eis o que disse Hermes a Tat: "À medida que Ele [Deus] pensa, todas as coisas se manifestam; Ele se manifesta por meio de todas as coisas e em tudo",[7] e Schuon repete essa ideia como um princípio tradicional: "A criação é […] algo bem semelhante às produções mais ou menos descontínuas da imaginação".[8] O pensamento tradicionalista postula um Absoluto por trás do Uno, que se relaciona a um princípio *por trás* da natureza logoica. Aquele ao qual devemos unir-nos em consciência pode cosmologicamente ser *mais* Um, mas para nós (por ser aquele no qual vivemos, nos movemos e temos o *nosso* ser) ele é *o* Um – e, segundo afirmam os tradicionalistas, Uno e tríplice. Daí a difusão do símbolo tripartite na representação de Deus.

Dissemos anteriormente que, para alguns gnósticos, Sophia era o terceiro aspecto da divindade e mãe dos arcontes. Sherrard não fala em Arcontes, mas fala de uma manifestação em muitos níveis que é continuamente recriada pela "atividade imediata das energias espirituais".[9] Essas energias não estão sujeitas à observação da razão humana (como intelecto discursivo) nem, *a fortiori*, à observação de nenhum instrumento por ela concebido. Nos escritos tradicionalistas, vemos a ideia do terceiro aspecto como o princípio da Matéria, o segundo aspecto como o princípio da Consciência e o primeiro aspecto como o princípio do Espírito. O homem tem uma forma na manifestação e, antes de qualquer outra coisa, identifica-se com ela. Isso com que ele se identifica é o princípio da Matéria "atualizado" como realidade relativa da Matéria. Posteriormente, à medida que começar a despertar, ele se identificará com a linha hermética, em vez do círculo, e esse é o princípio da Consciência também atualizado. Finalmente, ele se identificará com o ponto hermético, e esse é o primeiro aspecto atualizado, o Espírito. Assim, a evolução observa a sequência terceiro-segundo-primeiro aspecto (3-2-1), depois de uma sequência involucionária de 1-2-3.

Sempreternidade e tempo

Deus existe fora do tempo e, no entanto, existe por meio da peça que tem um tempo e um espaço só seus. Os fatos narrados em *O Senhor dos Anéis*, de J. R. R. Tolkien, transcorrem num tempo (a história que seria medida por um personagem da narrativa, como Frodo Baggins), mas o tempo em que Tolkien – como máquina de imaginar por trás desse mundo ficcional – vive é um tempo completamente diferente, um tempo "esotérico", do ponto de vista do Sr. Baggins. À medida que Tolkien pensa, todas as coisas da Terra Média se manifestam, e à medida que Aquele que está por trás de nosso sistema cósmico pensa, todas as coisas da nossa realidade sensível se manifestam. Eternidade significa duração infinita, referindo-se ao tempo "exotérico". Sempreternidade é o "sempre agora" (Coomaraswamy a chamava de "agora-sempre") ou o momento esotérico dentro de cada momento do tempo exotérico. O eu supremo do homem, o espírito, reside em Deus e, portanto, o tempo esotérico. De acordo com Huston Smith, o grande erro de muitos pensadores modernos é negar o Sempreterno e introduzir a noção de desenvolvimento em Deus, que em certos aspectos é feito para ser "ainda não".[10] Schuon concorda: a visão puramente evolucionista nega a *constante* "relação periferia-centro".[11]

Na verdade, poderíamos reconhecer três tipos de tempo: 1) o tempo que o personagem mede, 2) o Sempreterno e 3) o "tempo da Consciência". Uma pessoa poderia levar vinte anos para atingir a união por meio do conhecimento; outra pessoa, dez; uma terceira, cinquenta – a evolução da consciência se processa em seu próprio ritmo. Além disso, já que essa evolução é, de qualquer maneira, o despertar de um sonho – a retirada do homem de um mundo que "na verdade" não existe –, o tempo da Consciência é mais fundamental, consistindo no pano de fundo do "tempo do personagem". A Sempreternidade é ainda mais fundamental, consistindo no pano de fundo do tempo da Consciência. O homem identifica-se primeiro com o círculo (e com o tempo do personagem); em seguida, com a linha (tempo da Consciência) e, por fim, com o ponto (Sempreternidade). Isso implica que, embora agora seja – digamos – o ano de 2008, ao mesmo tempo é algum ponto na jornada de volta (ainda perto do início para a maioria das pessoas talvez) e ao mesmo tempo um ponto além: já estamos (embora ainda não conscientemente – essa é a meta da evolução) vivendo na Sempreternidade. É graças à existência da Sempreternidade que Coomaraswamy afirma (referindo-se especialmente ao pensador oriental) que, para o "Espectador central" (o Espírito), não há involução/evolução.[12]

Hierarquia e gnosiologia

A realidade se divide em níveis: a existência evolui à medida que os níveis se tornam mais altos. Para Smith, embora seja "lugar-comum a ponto de ter sido universal no passado", essa visão Tradicional da Grande Cadeia da Existência é "a que apresenta maior dificuldade de apreensão para a consciência moderna".[13] Em cada nível há seres *superiores* e inferiores a nós, o que nos coloca em nosso verdadeiro lugar no universo. "A ciência moderna [...] pode descrever nossa situação física e aproximadamente, mas não pode dizer-nos absolutamente nada sobre nossa situação extraespacial no universo total e real", afirma Schuon.[14] O Tradicionalismo reconhece Deuses do mesmo tipo admitido por Hall – graus de percepção no espaço – e, com relação a estes, Smith diz o seguinte: "Poderíamos tentar imaginar a diferença qualitativa entre a experiência de um carrapato e a nossa e, então, prosseguindo na mesma direção expansiva, introduzir as ordens de magnitude a que a ciência nos acostumou: 10^{23} ou seja o que for".[15]

Como os neoplatônicos, os tradicionalistas têm um conceito da verdadeira filosofia que envolve mais que o simples estudo. Achar que se pode estudar a existência (e não simplesmente filosofias da existência) sem envolver-se de modo transformador nesse projeto é absurdo. Como afirma James Cutsinger, na verdade isso seria um caso de *fuga*: "Não há nada de novo em nosso desejo de evitar a disciplina que necessariamente acompanha qualquer contato com Deus", pois "o absoluto, pela própria natureza, requer tudo aquilo que sou. Ele não se satisfaz com nada menos que a completa e constante conformidade de todo o meu ser".[16] Como o hermetismo, o Tradicionalismo reconhece graus de iniciação e, já que gnosiologia significa ciência da gnose (conhecimento),[17] poderíamos falar de "graduandos", "pós-graduandos" e "doutores" em gnosiologia. Embora Schuon e Coomaraswamy fossem reticentes quanto à ideia de uma fraternidade de altos iniciados/sábios numa *Superbia* (como no hermetismo), Guénon mencionou uma Elite, que era guardiã dos mistérios sagrados da Terra (o que faz lembrar a fraternidade dos Adeptos dos rosacrucianistas), e Evola, um grupo muito semelhante à "Grande Loja Branca" da Teosofia. Aparentemente, poderemos fazer parte desse grupo se nos dedicarmos à mesma disciplina espiritual exigida de seus membros.

A VISÃO TRADICIONALISTA DA HISTÓRIA E DO DOUTRINARISMO

> Há apenas uma mitologia, uma iconografia e uma verdade: a de uma sabedoria não criada, transmitida desde tempos imemoriais.
>
> Ananda Coomaraswamy[18]

A Teosofia (que abordaremos no próximo capítulo) postula que sua Loja remonta ao início da história da humanidade. Seu conhecimento é o da realidade espiritual, em oposição à realidade apenas aparente da dimensão quantitativa. Dizem-nos que a mente humana pode voltar-se para fora e para dentro, e embora a história seja concebida pelos teosofistas como a história do personagem, o homem, "crescendo em si mesmo" (e assim produzindo civilizações), trata-se de (pelo menos uma tentativa de) "condução" pela Loja, cuja Sabedoria encontrou expressão primeiro nas mitologias primitivas, depois nas religiões de mistérios e, finalmente, nas religiões tradicionais e filosofias metafísicas. Os tradicionalistas têm uma opinião semelhante – no mínimo, com respeito à existência de uma Sabedoria Primordial (cujo acesso requer conhecimento) –, além da convicção de que isso pode ser "hermeneutizado" de culturas primitivas. Para o Tradicionalismo, nossa "consciência de dimensão quantitativa" pode ter crescido com o correr da história, mas até a Idade Média, a dimensão qualitativa continuou a ser "reconhecida" no Ocidente por meio de uma visão de mundo baseada na ideia de uma Grande Cadeia da Existência.

Além da cristandade medieval, Guénon destacava a cultura védica indiana e Schuon, a dos indígenas norte-americanos (e outros tradicionalistas, as culturas maori, chinesa, egípcia e grega antigas) como exemplos de culturas tradicionais. O teosofista poderia dizer que em seus primórdios, antes de atingir a racionalidade adulta, a humanidade era mais *permeável* aos ensinamentos divinos. O tradicionalista observa uma manifestação de declínio generalizado em nossa orientação para o interior na substituição, entre outras coisas, da verdadeira filosofia pela filosofia analítica e das religiões tradicionais pela religião do humanismo secular (promovendo a perda do contato com seu "coração" esotérico devido à ausência do conhecimento), e na nossa irresponsabilidade ecológica quando paramos de reconhecer a fraternidade de Alma(s), como fizeram os neoplatônicos. De acordo com Guénon, a mentalidade moderna é simplesmente o produto de uma vasta sugestão coletiva, a saber, a de que este mundo do homem e da matéria é a única realidade, e para Evola, essa mudança foi uma "decisão metafísica" que tomamos (portanto, na qual não podemos voltar atrás) com nosso livre-arbítrio.[19]

Guénon empregou a classificação védica das eras, chamadas de *Krta, Treta, Dvapara* e *Kali Yugas*, para analisar nosso declínio. Estamos na última dessas eras, quando a luz da Tradição está mais oculta. Muitos filósofos apresentaram uma ordem "descendente". Allan Combs destaca uma, o esquema de Giambattista Vico (1668-1744), que propõe uma Idade dos Deuses, uma Idade dos Heróis e uma Idade dos Homens. Na primeira delas, os deuses falam diretamente aos mortais por meio de seus sacerdotes (ou de seus poucos iniciadores, como diriam os teosofistas e tradicionalistas). A última – que é a era em que vivemos – "é governada por homens comuns [não iniciados] que falam línguas comuns [não a linguagem esotérica]".[20] No livro *The Reign of Quantity and the Signs of the Times* (1953), Guénon analisa o rumo antitradicionalista tomado pela cultura ocidental, começando pelo humanismo renascentista e prosseguindo com o mecanicismo e o materialismo que, a seu ver, "insinuaram-se na mentalidade geral e finalmente conseguiram estabilizar essa atitude sem recorrer a nenhum tipo de formulação teórica". O homem mecanizou tudo e, por fim a si mesmo, "caindo pouco a pouco em unidades numéricas, parodiando a unidade, mas perdido na uniformidade e na indistinção da 'massa'".[21] Podemos estar na era mais tenebrosa, como afirma o Tradicionalismo. Porém, como as eras constituem um *ciclo*, inevitavelmente temos à frente outra Idade de Ouro (na qual haverá disseminação e aceitação generalizada de uma forma da filosofia perene).

Os estudiosos usam a palavra "Tradicionalismo" para se referir ao pensamento de Guénon, Schuon etc. A palavra "Perenialismo" também pode ser usada. Para Guénon, "Tradicionalismo" "denota apenas uma *tendência* que não implica nenhum *conhecimento efetivo* das verdades tradicionais".[22] Há verdadeiros tradicionalistas, eles próprios esoteristas, cuja faculdade do conhecimento é a intuição intelectual, e há aqueles cuja faculdade do conhecimento é, por enquanto e na melhor das hipóteses, o intelecto discursivo. Huxley diz-nos que a distinção entre rito/símbolo (esotérico) e realidade deve ser claramente reconhecida e que só aquele que está no esoterismo (um praticante) será capaz de fazê-lo.

Em *The Transcendent Unity of Religions* (1953), Schuon faz uma distinção entre as perspectivas filosófica, teológica e esotérica. O filósofo (analítico) vê apenas conceitos porque, não tendo desenvolvido a faculdade superior, para ele não existe sabedoria esotérica nem representação simbólica sua na metafísica. O teólogo tampouco é "desenvolvido", mas pelo menos crê nos símbolos esotéricos.

Os gnósticos não se satisfaziam em conhecer por meio da gnose alheia – a mensagem é: tampouco estariam satisfeitos com isso os verdadeiros tradicionalistas. Sem "cumprir as condições necessárias", os que têm alguma tendência no sentido da Tradição serão sempre apenas teóricos – e provavelmente doutrinários – e se curvarão por fim à autoridade de alguém como Guénon ou Schuon, ou de algum ensinamento como os deles.

ADENDO: A VISÃO DE SCHUON NO QUE CONCERNE A SÍMBOLOS, DOGMATISMO E PRIMEIROS PRINCÍPIOS

Hoje em dia consideramos a metafísica um ramo da filosofia, mas o verdadeiramente metafísico e o esotérico são uma e a mesma coisa, diz Schuon. A consciência de Deus – o Intelecto Divino – está no homem, e seu conteúdo é o metafísico. Portanto, o conhecimento metafísico é conhecimento puramente intelectual (do Intelecto Divino) – "puro" porque: a) não tem origem na mente pessoal, discursiva, e b) não assume a forma de ideias mutuamente excludentes, mas sim de símbolos complementares. A ideia de "triplicidade" não é igual à de "unidade" – elas não podem existir no mesmo espaço filosófico, por assim dizer. Porém os símbolos *podem* existir (e, com efeito, existem) no mesmo espaço metafísico, já que representam aspectos diferentes da mesma realidade. Schuon usa a luz como exemplo: luz é luz, mas poderíamos dizer que a cor branca é seu símbolo de unidade e as três cores primárias, seu símbolo de triplicidade. Aqui temos: a) aquilo que é transimbólico, b) símbolos complementares e c) a forma que esses símbolos assumem (cores). Para o filósofo analítico, os símbolos não existem como uma categoria de representações de "ordem superior"; ele vê apenas as "cores". O teólogo tampouco vê os símbolos como são, mas ele pelo menos crê em sua existência. A unidade transcendente das religiões não se encontra no nível da fé nem no nível das ideias; ela só pode ser encontrada no nível dos símbolos metafísicos, pois nele as mentes budista, cristã etc. convergem para então dissolver-se em uma mente transreligiosa.

De acordo com Schuon, o *dogmatismo* não consiste na simples enunciação de uma ideia, mas sim numa interpretação que, "em vez de reunir-se à Verdade total e informe, toma como ponto de partida uma das formas dessa Verdade"[23] e atribui a essa forma um caráter absoluto que só a própria Verdade informe pode ter. Um dogma é – como o homem – a um só tempo uma ideia limitada (uma forma discreta na mente) e um símbolo ilimitado ("ilimitado" porque é representativo do Divino). Portanto, o dogma exotérico e o exoterista vão de mãos dadas, assim como o símbolo esotérico e o esoterista. Schuon dá como exemplo o dogma da unicidade da Igreja. O exoterista afirma: "Só existe uma Igreja" tendo em mente a *sua* igreja. O esoterista diz o mesmo, mas tem em mente a Igreja esotérica, cujos membros são esoteristas. Eles estão unidos em sua *divindade* – e não humanidade – essencial e, sendo esse o caso, sua Igreja não pode assumir (e não assume) nenhuma forma humana específica. O homem penetra na luz por meio de sua própria religião, mas como essa luz (o Intelecto Divino) é de uma ordem inteiramente diferente daquela a que pertence sua mente pessoal, discursiva, sua religião – e todas as religiões – são apenas portas que dão para o sótão. Ao entrar novamente na parte superior do espaço vital (no mundo das ideias), o homem volta à sua religião e seus dogmas – mas não é que eles ainda sejam dogmas, agora eles são símbolos. Então a culpa não é do dogma, mas sim de sua "autocracia que a tudo invade" – uma autocracia que freia a compreensão esotérica (ou tenta fazê-lo) assim que ela surge.

Ama a Deus com todo o teu ser, disse Cristo. Isso obviamente inclui o ser filosófico e, se o amor é a inclinação de um ser em relação a outro com vistas à união e o ser filosófico é nosso ser mais sublime, aí está a justificativa para a metafísica/o esoterismo. O esoterista é aquele que ama a Deus com a mente – sua mente inclina-se para a mente de Deus com vistas à união, e essa união é a façanha definitiva de seu "amor a

Sophia". Essa união é possível porque o Intelecto Divino não é senão o próprio esoterista. Sua jornada não se deve tanto ao desejo de autodeificação, que seria possivelmente um obstáculo à salvação, quanto a uma "tendência lógica e ontológica no sentido de sua própria Essência transcendente".[24] A inteligência não nos pertence – aquilo que consideramos nosso, não é inteligência em sua plenitude (é o intelecto pessoal, que é diferente do Intelecto Divino, do qual sua existência depende). Para a união de ambos, é preciso ter nobreza de alma, piedade e virtude. É preciso Deus – é preciso *ser como* Deus – para conhecer a Deus: isso nem o teólogo nem o filósofo analítico compreendem inteiramente, afirma Schuon. O fideísta aceita que a realidade da inspiração venha de Deus, mas não que alguma intuição intelectual venha do homem, pois ele ainda se atém à visão de que existe a revelação sobrenatural e depois a (mera) mente humana. Porém o homem é "feito à imagem de Deus", o que implica que a consciência humana é afinal a consciência de Deus e, por conseguinte, o conteúdo de uma será, em última análise, o conteúdo da outra.

Em outro trecho de *The Transcendent Unity of Religions*, Schuon relaciona sete princípios centrais à tese perenialista: 1) A realidade tem estágios sucessivos. Ela possui diversos níveis, com cada nível de existência se incluindo naquele que está imediatamente acima (como a consciência animal se inclui na consciência humana; no topo está a consciência Divina). 2) A realidade não é objetiva (ela é "experiência de Deus"). 3) A experiência de Deus – o Intelecto Divino – está "por trás" da experiência consciente de todas as criaturas, o que nos permite dizer que ela está *em* todas as criaturas. 4) Além da experiência de Deus – a Existência – está a Não Existência, o Absoluto. 5) A dualidade do exoterista verifica-se entre ele como criatura e Deus como Existência – portanto, entre dois aspectos dele mesmo. O esoterista reconhece a relatividade dessa dualidade. 6) Sobre existência e imperfeição: o Absoluto é a Razão da Existência, "dando-a à luz" continuamente. Não há aqui nenhum "Por quê?" a responder, pois um requer o outro para ser o que é (como a escuridão e a luz). A última, a Existência, é imperfeita porque do contrário não haveria nada que a distinguisse da Não Existência – e, nesse caso, nenhuma delas existiria. 7) Sobre o livre-arbítrio: a Existência é inescapável e, no que diz respeito a isso, podemos afirmar que não temos livre-arbítrio. Porém, isso se aplica apenas à nossa condição humana, não à nossa divindade. Quanto mais nos divinizarmos, melhor se tornará nosso karma. A visão de mundo moderna é metafisicamente estéril e, portanto, a cultura moderna revela uma "intelectualidade destituída de inteligência". Por uma espécie de compensação, "cada vez mais a vida profissional ganha um ar 'religioso', no sentido de reclamar o homem por inteiro, seu tempo e sua alma, como se a iniciativa econômica – e não a imortalidade – fosse a razão suficiente para a condição humana", diz Schuon.[25] Palavras perspicazes, talvez possamos concordar, para o mundo de hoje.

3 Teosofia

Talvez por vislumbrar doutrinários teosóficos, Guénon via a Teosofia de Helena Petrovna Blavatsky (1831-1891) como "pseudoesoterismo". Quinn observa que o "ponto cego" de Guénon foi descartar a Teosofia *in totum*, pois a semelhança de princípios entre os ensinamentos de Blavatsky e os de Guénon é inegável.[1] Devemos ser objetivos e aceitar apenas aquilo que descobrimos, nós mesmos, ser verdade por meio da prática gnóstica. Guénon ensinou isso, mas talvez algumas vezes tenha perdido de vista o próprio argumento em seu afã de apresentar-nos certos materiais para reflexão. Blavatsky também ensinou o mesmo, já que sua obra-prima, *The Secret Doctrine* (1888),[2*] tem no prefácio a expressão "não há Religião superior à Verdade". Devemos entender que isso inclui a "religião" de sua própria Teosofia. Sua sucessora Alice Bailey (1880-1949) foi ainda mais explícita ao dizer: "Os livros que escrevi, publico sem pretender que sejam aceitos. Eles podem – ou não – ser corretos, verdadeiros e úteis. Cabe a você determinar a verdade deles por meio da prática certa e do exercício da intuição".[2] Sem citar nomes, Bailey achava que o doutrinarismo (se é que não o dogmatismo) de alguns alunos ou "discípulos" dificultava a obra da Loja na atualidade. Ela teria concordado com Huxley em que há formas da filosofia perene e há a Realidade Divina em si.

Stephan Hoeller considera a Teosofia uma continuação da corrente do gnosticismo, e Joscelyn Godwin a descreve como "a afirmação mais

---

2* *A Doutrina Secreta*, 6 vols., publicado pela Editora Pensamento, São Paulo, 1980.

substancial de um neognosticismo moderno".[3] A Teosofia certamente propõe a mesma ideia de um Logos ou Divindade tríplice que existe fora do tempo, além de uma manifestação septúplice como reino de sete potências espirituais: isso, como o sistema em que nos encontramos. Na juventude, Blavatsky esteve ligada ao espiritismo e a inúmeras organizações hermético-maçônicas. Na maturidade, depois de viajar pelo Oriente, sua obra demonstra um comparativismo que provavelmente teria dado orgulho a Amônio Sacas, e sua Sociedade Teosófica – fundada em Nova York com Henry Steele Olcott (1832-1907) – incentivou o estudo de todas as religiões, filosofias e ciências, não exigindo que seus membros fossem partidários de nenhuma doutrina específica (nem os estimulando a isso). De acordo com Faivre, nessa atitude esclarecida estava/está a "contribuição positiva e frutífera" da Sociedade Teosófica.[4] Por outro lado, recorrendo a termos hindus e budistas, Blavatsky ensinou, sim, seu próprio projeto, sendo notório – como diz Godwin – o fato de que a Sociedade Teosófica, por intermédio de seus membros e de suas filiais, "tornou-se o principal veículo de entrada das filosofias budista e hinduísta na consciência ocidental, não apenas como estudo acadêmico, mas sim como algo que valia a pena abraçar".[5] A Teosofia serviu também para inspirar um novo interesse pelo budismo e pelo hinduísmo na Índia, onde continua sendo a sede internacional da sociedade original.[6]

LEVANTANDO O VÉU: O UNIVERSO ESOTÉRICO

Pensamos no sistema solar e no universo mais amplo, disse G. de Purucker, "mas eles não são o mesmo que a transformação da nossa consciência nesses espaços mais amplos repletos de Mundos".[7] Temos usado a analogia do homem como personagem de uma peça. Há também a imagem do conhecimento como o levantar de um véu para revelar outra realidade – uma realidade que sempre esteve lá, encarando-nos frente a frente, mas uma realidade para a qual estamos cegos. Esse é o universo total e real de Schuon, acrescido dos graus de percepção no espaço de Hall. A Teosofia fala de consciências planetárias, solares e superiores (o que nos faz pensar mais uma vez nas ordens "experienciais" de magnitude de Smith). Esse é um tipo de paralelo psíquico com o universo comum que vemos, de objetos celestes de diferentes tamanhos. Estes, além disso, são – ou podem ser – arranjados *em níveis de diferentes sistemas logoicos*. Assim, existem seres num sistema cósmico que pertencem a um nível desse sistema e possuem seu Deus. Esse Deus faz parte de uma *faixa de seres de ordem superior*, de um sistema cósmico *superior*, que pertencem a um nível *superior* desse sistema, possuem *seu* Deus e assim por diante. Se vivermos, em algum sentido análogo, na "imaginação" de um autor, então ele também – com outros autores de seu nível – vive na imaginação de um autor maior, e assim por diante.

Um nível de um sistema logoico:	A faixa de existência de um grupo de seres, cujo nível inferior constitui…
Um nível de um sistema logoico inferior:	A faixa de existência de um grupo inferior de seres, cujo nível inferior constitui…

E assim por diante em ordem descendente

Os teosofistas veem um universo de graus de percepção, de consciências – e, da mesma maneira, ser/seres – "ao longo de todo o percurso em direção ascendente". Um grau que tem lugar fundamental na Teosofia é o que pertence a um ser solar. Paracelso falou acerca de um sol espiritual (talvez pensando nesse ser), que "aqueles cujos sentidos espirituais tiverem despertado para a vida verão".[8] Seu contemporâneo Heinrich Cornelius Agrippa, autor de *De Occulta Philosophia* (1510), também falou acerca da busca de um sol espiritual. Isso homem nenhum poderá fazer, disse ele, "senão retornando à alma do Sol e tornando-se semelhante a ele".[9] Na Teosofia, *nosso* sistema cósmico é o "corpo" (na verdade, a *consciência* do corpo) de um ser solar. Nosso Deus (esse ser solar) tem a Si mesmo como corpo em Sua consciência, assim como um homem tem a si mesmo como corpo em sua consciência. Num certo sentido, é *por causa* dessa consciência "divina" do corpo que nós *existimos*. Além disso, de acordo com a Teosofia, é por causa da consciência do corpo do homem que os seres que estão num nível inferior do sistema logoico (identificados com átomos ou células) existem.

"Assim como existem células no corpo humano, o homem não é senão uma célula de um organismo maior que lhe agrada chamar de Deus",[10] disse Manly Hall. Ele poderia ter dito: assim como existem células de consciência do corpo na consciência humana do corpo, o homem (como pneuma, em última instância) não é senão uma célula da consciência do corpo de uma consciência de corpo maior (de um ser solar). Se a Consciência Pura relaciona-se à consciência de um "ator divino", de acordo com a Teosofia, a Consciência Pura *para nós* relaciona-se à consciência do corpo de um ser solar. Ao fim de nossa evolução, nossa consciência "torna-se" essa outra, mas ao mesmo tempo ela sempre esteve na Sempreternidade (a diferença é que a primeira é fruto de um ato consciente). Na Teosofia, há *nosso* ser solar/Deus, *outros* seres solares/Deuses e seres/Deuses *planetários*, todos os quais residem essencialmente no nível do sistema logoico imediatamente "acima" do nosso.

FIGURA 3: A HOLARQUIA TEOSÓFICA

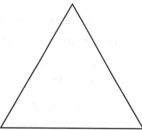

Um Logos Cósmico

Os sete planos cósmicos de existência em que Se encontra nosso Deus (um "Brahman" ou Homem Solar), juntamente com outros Homens Solares e outros seres de ordem superior, como os "Homens Planetários"

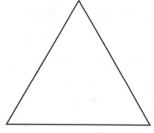

Um Logos Solar

Os sete planos solares de existência (que são os subplanos do plano cósmico mais baixo) em que nos encontramos.

"O Sistema Solar é o Microcosmo do Macrocosmo Uno como o homem é o microcosmo em relação ao seu pequeno Cosmos Solar", afirmou Blavatsky.[11] E Bailey disse: "Os sete planos do sistema solar são para Ele [nosso Deus] cosmicamente o mesmo que o plano físico é para um ser humano".[12] Além disso, "o Logos solar está em processo de determinação de Seu lugar no sistema maior no qual ocupa um lugar".[13]

Nossa *suprema* Consciência Pura como meta evolucionária poderia então ser a consciência do corpo de um ser solar. Mas antes disso poderia haver uma transformação de nossa consciência em consciência do corpo de um ser planetário (isto é, da Terra). Como foi dito, esses Deuses solares e planetários, em seu próprio nível do sistema logoico, ainda têm seu Deus e, portanto, também a meta evolucionária de uma Consciência Pura (e "pneuma" Sempreterno) relacionada à consciência do corpo daquele que poderíamos chamar agora de um ser *cósmico*. Em todos os níveis dos sistemas logoicos, diz Brett Mitchell, há evolução: "Todo o universo se compõe de uma hierarquia de Vidas, onde as menores evoluem para as maiores, e a consciência inferior evolui para a superior".[14] O moderno conceito de *holarquia* é a ideia de uma hierarquia de todos dentro de todos, ou sistemas completos em si mesmos que, no entanto, ao mesmo tempo são parte de sistemas maiores. Essa é a natureza do universo esotérico, afirma a Teosofia.

Segundo Blavatsky, "As existências pertencentes a cada plano do ser [de qualquer que seja o nível do sistema logoico] […] são, comparáveis às sombras. [...] No entanto, todas as coisas são relativamente reais, porque o conhecedor é também um reflexo e, por isso, as coisas conhecidas lhe parecem tão reais quanto ele próprio".[15] O limite máximo do nosso "potencial" de consciência, para repetir a tese, é o nível de consciência mais baixo de um ser solar – poderíamos então afirmar que nossa consciência é "consumida" por isso; e o limite do potencial da consciência do nosso Deus é o nível inferior da consciência de um ser que a Teosofia chama de *Parabrahman*, no qual nosso sol é um *Brahman*. (Podemos dizer "um" em ambos os casos, mas em relação a nós eles são *o* Brahman e *o* Parabrahman.) Bailey chama nosso Parabrahman de "Aquele de Quem Nada Pode Ser Dito" (e poderia ter acrescentado: "de onde estamos, em nosso sistema cósmico, num nível de um sistema logoico inferior"), e Max Heindel, em *The Rosicrucian Cosmos-Conception* (1909), o chama de "O Ser Supremo" e também o "Grande Arquiteto".[16] De uma maneira um tanto confusa, alguns teosofistas usam a palavra Parabrahman para se referir a um princípio Absoluto por trás de todo e qualquer sistema logoico, como no Tradicionalismo. Smith observa que, na cosmologia hinduísta, há incontáveis camadas verticalmente,[17] mas além do nosso Parabrahman, *ontológica e cosmogeneticamente considerado*, a Teosofia não vai. Mesmo assim, aqui, diriam eles, está a justificativa para "primeira e última sabedoria".

1º Plano Cósmico

2º Plano Cósmico

3º Plano Cósmico

4º Plano Cósmico

5º Plano Cósmico: Relaciona-se ao corpo mental de um ser de ordem superior (por exemplo, um Homem Solar)

6º Plano Cósmico: Relaciona-se ao corpo emocional de um ser de ordem superior (por exemplo, um Homem Solar)

7º Plano Cósmico: Relaciona-se ao corpo físico de um ser de ordem superior (por exemplo, um Homem Solar)

Os sete subplanos do 7º Plano Cósmico:

1º Plano Solar

2º Plano Solar

3º Plano Solar

4º Plano Solar

5º Plano Solar: Relaciona-se ao corpo mental de um homem

6º Plano Solar: Relaciona-se ao corpo emocional de um homem

7º Plano Solar: Relaciona-se ao corpo físico de um homem

O homem-personagem pensa, sente e age. Ele tem uma mente, uma natureza emocional e um corpo. Na Teosofia, ele tem um corpo mental, um corpo emocional e um corpo físico. Em relação ao Sr. Baggins, da mesma maneira, poderíamos dizer que ele tem um corpo mental, emocional e físico, sendo os planos mental, emocional e físico da Terra Média relativamente reais. No hermetismo e no Tradicionalismo, as iniciações são diversas e sucessivas, e na Teosofia elas estão relacionadas aos planos. Assim, *para nós*, a primeira iniciação é ver através da ilusão de uma existência física real (o 7º plano *solar*), e a segunda iniciação é ver através da ilusão de uma existência emocional real (o 6º plano solar). A tendência toda detalha o desenvolvimento da crescente intuição do personagem de que sua existência é ficcional; de que sua essência ou verdadeiro eu se encontra, para usar o vocabulário hindu, "além de *Maya*". Diz Blavatsky: "O progresso ascendente do Ego é um contínuo e sucessivo despertar [...]. Mas só quando houvermos atingido a Consciência absoluta e com ela operarmos a fusão da nossa, é que viremos a libertar-nos das ilusões de Maya".[18] Um Homem Solar, aparentemente, passa por iniciações relacionadas aos planos cósmicos, e não aos solares.

"É TUDO UMA QUESTÃO DE CONSCIÊNCIA"

"A consciência é a única realidade, no sentido mais completo dessa frase tão usada; daí se segue que qualquer realidade que se encontre em qualquer lugar provém da consciência", afirmou Annie Besant.[19] Também Blavatsky disse: "A Matéria, afinal de contas, não é senão a série de nossos próprios estados de consciência e o Espírito, uma ideia de intuição psíquica".[20] Para Sri Krishna Prem, "a partir da meditação introspectiva fica claro que todas as formas se sustentam na consciência" e, embora os cientistas geralmente pensem na consciência como epifenômeno da atividade cerebral, o próprio cérebro é uma dessas formas. "É aquela velha história de procurar os óculos que estão bem sobre o nariz. [...] Não há a menor razão que seja para se supor que alguma coisa qualquer, seja física ou mental, só existe ou pode existir como conteúdo da consciência."[21]

"Alguma coisa qualquer" inclui todos os conceitos (formas mentais) do eu, da matéria, da realidade etc. Portanto, inclui todos os compostos dessas formas, ou seja, esquemas metafísicos/cosmológicos. O Sr. Baggins pode adotar a ciência empírica e estudar a Terra Média, mas a própria existência de seu corpo mental se limita à consciência de seu autor, nela estando contida. É por isso que Purucker diz que pensamos no sistema solar e no universo mais amplo, mas isso não é o mesmo que tornar nossa consciência esses espaços. As palavras de Bailey a esse respeito são interessantes. Na citação abaixo (escrita em 1934), ela afirma que a "Palavra da Humanidade" refere-se a nosso Logos Solar e que a "Palavra do Cosmos" refere-se ao Grande Arquiteto de Heindel (e também da franco-maçonaria esotérica):

> Uma das grandes escolas de pensamento ou tendência de ideias que estão fadadas a morrer é a das atuais filosofias como as conhecemos. A filosofia, em seu sentido técnico de amor à sabedoria, crescerá à medida que os homens forem compreendendo mais o sentido da sabedoria e se tornando mais sábios, porém as atuais escolas filosóficas praticamente já cumpriram sua função. Essa tem sido a formulação de ideias no que concerne a Deus e Sua relação com o homem, no que concerne à divindade, à escatologia e às relações espirituais. Os últimos grandes gestos das escolas filosóficas ainda estão por ser feitos. Seu lugar será tomado nos séculos que virão por aqueles que serão, de fato e de verdade, cosmologistas, pois quando a Palavra da Humanidade for entendida e captada, e a significação do indivíduo apreciada, a Palavra do Cosmos receberá a devida e mais correta atenção, e as leis e a natureza desse grande Ser em Quem vivemos e nos movemos e temos o nosso ser serão estudadas.[22]

A filosofia perene do teosofista é, acima de tudo, uma cosmogonia e uma antropogênese espiritual. Assim como nós estamos apenas começando a explorar o espaço material, Bailey anseia pelo momento em que começaremos a explorar o espaço esotérico (a realidade que estará nos encarando frente a frente quando o véu for levantado). Então precisaremos ser cosmologistas "de fato e de verdade". A totalidade desse universo poderia ser representada como um círculo com um ponto no centro, sendo esse ponto um círculo com outro ponto no centro, e assim *ad infinitum*. Cada círculo é o âmbito de uma consciência, a maior incluindo a menor, mas – diz a Teosofia – as evoluções em níveis de sistemas logoicos diferentes estão de algum modo relacionadas. Como ensinou Bailey, a libertação de cada homem das limitações de sua forma faz sua pequena parte para libertar nosso Homem Solar das limitações de Sua forma.

"Vejo o universo como uma hierarquia de níveis que vão descendo do nível espiritual informe até a forma material mais densa", disse Philip Sherrard.[23] Blavatsky escreveu: "O Espírito é Matéria *no 7º plano*; a Matéria é Espírito no plano inferior de sua atividade cíclica; e ambos são – Maya".[24] À medida que a evolução prossegue, o homem vai "deixando para trás" as identificações com sua existência física só aparentemente real, depois as identificações com sua existência emocional só aparentemente real, e assim por diante – e esses corpos (num quadro estático, pelo menos) participam da substância (se olharmos para cima) de níveis cada vez menos "materiais". Porém tudo é Maya, já que o corpo do nosso Deus é apenas relativamente real (se considerarmos o sistema superior em que Ele está), e há *uma simultaneidade de atividade de sistemas logoicos* (um círculo com um ponto, sendo esse ponto um círculo com outro ponto etc.). Tornando esse quadro tridimensional, temos aqui o sentido das palavras de Blavatsky: "A Ciência do Ocultismo é toda baseada na doutrina da natureza ilusória da Matéria e na divisibilidade infinita do *átomo*".[25] E também: "Cada átomo do Universo traz em si a potencialidade da própria consciência e […] é um Universo em si mesmo e *por* si mesmo".[26]

OS SETE ESPÍRITOS

Vendo as coisas de onde nós "habitualmente estamos" em termos de consciência, no fim da evolução nossa consciência torna-se uma consciência "fora de nossa escala". Essa jornada, de acordo com a Teosofia, assiste a nossa desidentificação com todos os nossos corpos – os envoltórios ou "princípios" do homem. Normalmente são listados sete deles, entre os quais e as iniciações há uma relação que será explorada na Parte Dois. Outro setenário citado nos escritos teosóficos é o dos "Planetas Sagrados" (os mesmos Saturno, Júpiter, Marte, Sol, Vênus, Mercúrio e Lua, que estavam de algum modo relacionados aos Arcontes gnósticos). Há alguma relação? De acordo com Hall, os nomes dos planetas que acabamos de citar são os nomes *simbólicos* dos princípios nos Mistérios arcaicos (gnóstico-herméticos). "Os mortais não iniciados existem em naturezas físicas limitadas às preocupações terrenas, e o corpo material [que não é um princípio] foi transmutado pelos Mistérios num corpo celeste",[27] disse ele. Acima *desta* terra estão *esses* planetas e, acima deles, as estrelas. (Acima das estrelas está o *Empíreo* dos antigos – o céu cósmico mais sublime. Um dos textos herméticos chama-se *O Discurso sobre o Oitavo e o Nono*, no qual o "Oitavo" refere-se ao nível das estrelas acima do "mesocosmo", ou Hebdômada da série planetária, e o "Nono" refere-se ao Empíreo.[28])

No livro *The Doctrine of the Spheres*, Purucker afirma que, à medida que "nos pusermos a caminho do sol", abandonaremos o que tomamos de cada um dos sete Planetas Sagrados.[29] O que "tomamos" seria então nossa existência *como* corpos/envoltórios/princípios – sete ao todo. Outro termo que encontramos nos escritos teosóficos é "Espíritos Planetários" (que são sete) e também – particularmente nos escritos de Bailey – "Raios" (sete, mais uma vez). Bailey diz que os Raios são os centros do corpo do nosso Deus: portanto, eles são *centros de consciência do corpo*. Jacob Boehme falou de "Sete Espíritos", que comparou a rodas que giram incessantemente. Se a consciência do corpo de um ser superior for a realidade Sempreterna, esses Raios/Espíritos também estarão sempre lá. Eis aqui os Arcontes "em si", correlacionando-se aos Deuses, logo abaixo de Deus, numa Grande Cadeia da Existência exclusiva do nosso sistema cósmico.

Quantitativa ou empiricamente, é claro, hoje vemos nosso sistema solar como composto por um sol físico e nove (ou dez) planetas, além de suas 61 luas (incluindo a da Terra), asteroides, cometas e poeira interestelar. Aparentemente, aqui haveria então uma "lacuna" numérica e taxonômica. Porém, a Teosofia diz que não é assim. A confusão é compreensível, mas já que os centros são centros de consciência do corpo e cada sistema cósmico (de qualquer nível de sistema logoico) é a consciência do corpo de algum ser, todo ser se encontra em manifestação como reino de sete "Arcontes" *quaisquer*. Assim, existem Raios solares (inclusive *nossos* Raios solares) e Raios cósmicos (inclusive *nossos* Raios cósmicos). É possível que esses "Sete"

56

também se relacionem aos *chakras* na psique-ologia oriental (coroa, fronte, coração, garganta, plexo solar, sacro e base da espinha). Bailey certamente nos convida a contemplar as seguintes correspondências ou relações:

FIGURA 4: A GRANDE CADEIA DA EXISTÊNCIA DO NOSSO SISTEMA CÓSMICO

Nome do Plano Solar	Princípio/ Chakra	Grande Cadeia da Existência	"Tipo" de Consciência
Divino	Nenhum	Deus	Solar
Monádico	A Mônada/ Coroa (síntese de outros)	Deuses	Planetária
Átmico ou Nirvânico	Atma/ Fronte	Anjos	Espiritual 2
Búdico	Buddhi/ Coração	Sábios	Espiritual 1
(Superior) Mental ou Manásico (Inferior)	Manas/ Garganta Kama Manas/ Plexo solar	(No Caminho) Seres humanos (Comum)	Humana
Emocional	Astral/ Sacro	Animais	Animal
(Etérico) Físico (Denso)	Etérico/ Base da espinha	Plantas Rochas	Vegetal Mineral

Atma-Buddhi-Manas = o "Ternário"

Kama Manas-Astral-Etérico-Denso = o "Quaternário"

4 Outras escolas esotéricas

TEOSOFIA CRISTÃ

> A Obra não é a Expiação da Reconciliação, mas sim o Edifício que o verdadeiro Espírito construiu em sua Substância; é sua Morada.
>
> Jacob Boehme[1]

Teosofia cristã é o nome dado à linha de pensamento teosófico que passa por Jacob Boehme (1575-1624) e seus sucessores – como John Pordage (1608-1681) e Jane Leade (1624-1704), cofundadores da Philadelphian Society –, Johann Georg Gichtel (1638-1710), Friedrich Christoph Oetinger (1702-1782) e Franz von Baader (1765-1841). Essa linha não teve origem com Boehme: sua fonte remonta a místicos cristãos como Mestre Eckhart (c. 1260-c. 1327), João Escoto Erígena (c. 810-c. 877) e Pseudo-Dionísio, o Areopagita (c. século VI), e aos gnósticos cristãos dos primeiros séculos. Observamos ainda o "alquimista cristão" Valentin Weigel (1533-1588) e os "hermetistas cristãos" Lodovico Lazzarelli (1447-1500) e Francesco Patrizi (1529-1597). Se o sufismo representa o esoterismo islâmico e a cabala representa o esoterismo judaico, a Teosofia cristã – incluindo o gnosticismo cristão – representa a tradição do esoterismo cristão.

Certamente há um elemento crístico na teosofia de Blavatsky, Bailey etc. Mas, deixando de lado a diferença das importações terminológicas do Oriente, há também a distinção, na Teosofia "não alinhada", no fato de a pessoa de Cristo ser, bem, mais uma pessoa: um iniciado avançado, por certo (mantém-se como sétimo ou oitavo iniciado), mas ainda essencialmente "um de nós". Na Teosofia cristã, a pessoa de Cristo tende a permanecer sumamente venerável, ao passo que na Teosofia moderna, Cristo é, de certo modo, trazido de volta à Terra (o que é o mesmo que dizer: a nosso sistema cósmico apenas) como uma mera figura superior da Loja. Encontramos algo que se aproxima da Loja na Teosofia cristã: Leade falou de uma "Universidade Celestial", povoada por mestres dotados de "corpos esclarecidos" que ensinavam a "nova Ciência" da "Filosofia Angelical".[2]

Já fizemos menção aos Sete Espíritos de Boehme, que identificamos com os Raios de Bailey e os Arcontes dos gnósticos. Os Sete Espíritos são as "imagens geradas pela Trindade", que se "refletem nas sete qualidades planetárias", diz Arthur Versluis.[3] A Trindade e Deus supremo de Boehme, como vemos na seguinte citação dele, parecem idênticas ao Logos gnóstico aliado ao Absoluto tradicionalista: "Deus é o eterno ou a suprema imobilidade, já que existe para si mesmo, independentemente de seu movimento e manifestação. Porém em seu movimento ele é chamado de Deus numa Trindade".[4] A "imobilidade" aqui é o Absoluto – aquilo que Boehme chama de Abismo ou *Ungrund*. É o *supra*ontológico, daí ser o "não terreno". "Movimento" aqui nos faz lembrar nossa anterior definição do Logos como uma máquina de imaginar.

A Teosofia cristã afirma a Grande Obra em sua própria linguagem: como regeneração espiritual. Há um trabalho de construção a realizar – o do "Templo de Cristo" do próprio indivíduo. Há um "vale sombrio" da criação que tem sete estágios, já que os níveis são colocados um a um ao longo da linha hermética; nós nascemos e então precisamos renascer na "vida de Cristo". Na verdade, existem *três* nascimentos: o primeiro é o natural, ou o nascimento "para fora", o segundo é o nascimento da alma na consciência humana, e o terceiro é o nascimento do espírito ou divindade suprema na alma. Na Teosofia cristã, o homem – todo homem – é corpo, alma e espírito, e os três nascimentos relacionam-se a cada uma dessas instâncias. Ao fim da estrada, o homem vê com seu olho espiritual mais sublime. Esse "olho do coração" (frase cara também a Frithjof Schuon) era/é o olho "com que Deus se vê através de nós", diz Versluis.[5] A Queda do Homem (ou Adão) é o afastamento dessa consciência superior (Sempreterna) e a aproximação de uma consciência inferior (do Personagem ou homem terreno), de modo que, em vez de ver a realidade transcendente, vemos apenas o mundo fisiotemporal. Entretanto, não podemos pensar que essa é uma queda *pessoal* – como poderia ser, quando é a criação que dá existência à própria pessoa e ao pessoal?

A magia e o caminho suprassensível

Boehme disse: "A magia é o maior de todos os segredos, pois está acima da Natureza [manifestação] e faz a Natureza de acordo com sua vontade. Ela é o mistério do Ternário, a saber, ela é em desejo a vontade que luta pelo coração de Deus".[6] A Vontade de Deus na Teosofia cristã é *magia*, que *após* a criação deve ascender/evoluir e *antes* da criação deve descender/involuir. Deus deseja conhecer a si mesmo (aqui falamos do "Deus Ignoto" – o Absoluto), e isso ele faz por meio da Trindade, produzindo o sistema logoico. O tratado *The Supersensual Life* (1622), de Boehme, tem a forma de um diálogo entre um discípulo e seu mestre espiritual. O discípulo pergunta ao mestre como poderia conhecer Deus. O mestre responde: "Quando permaneceres imóvel diante do pensamento do eu e da vontade do eu [do eu pessoal], [...] o Ouvido, a Vista e a Língua Eternos se revelarão em ti".[7] Em seguida, ele diz que "de fato não é nada senão teu próprio Ouvido e tua própria Vontade que te impedem [mantendo o véu no lugar], de modo a não veres nem ouvires a Deus".[8] Deve haver alguma maneira de desfazer nossa consciência ordinária e de promover uma "Rendição e entrega totais de tua Vontade" para que "o Amor de Deus em ti se torne a Vida de tua Natureza".[9]

Tal vida é a vida de uma verdadeira visão das coisas; daí nasce uma responsabilidade de fazer a Coisa Certa e um júbilo por essa oportunidade, pois assim finalmente estaremos "vivendo à altura de nós mesmos" (como fez Cristo). Ao longo do Caminho Suprassensível, ocorre a transformação de uma "vida inconsciente, ao sabor das marés emocionais" (que Blavatsky e Bailey teriam chamado de "astralismo"), em "uma vida consciente vivida na luz do Divino", diz Versluis.[10] "Toda religião cristã", disse Boehme em *Of Regeneration, or the New Birth* (1622), "consiste nisto: em aprendermos a conhecer-nos, de onde viemos e o que somos".[11] A diferença entre a compreensão do teólogo e a do teósofo (para lembrarmos as palavras de Schuon) é o fato de este reconhecer que a compreensão de Deus deve provir da "Fonte Interior" e entrar na mente pela natureza de Cristo *inerente à Alma*. A menos que isso aconteça, todo ensinamento sobre as coisas divinas é inútil e vão. Ao longo do Caminho Suprassensível há um estágio chamado de "Bodas do Cordeiro", que, como veremos, corresponde ao matrimônio do homem com sua natureza argêntea na alquimia. "Desejamos ardentemente", disse Boehme, "que aqueles que são cristãos apenas no nome encontrem em si [essas Bodas] por Experiência e, assim, passem da História à Substância".[12]

CABALA

"Com relação especificamente à evolução espiritual, há um evidente paralelo entre a Teosofia de Blavatsky, a cabala e [...] a Teosofia cristã", afirma Nicholas Goodrick-Clarke.[13] A palavra "cabala" vem de *Kabal*, que significa "receber" e, assim como os neoplatônicos, os cabalistas reconheciam uma linha de mestres de Sabedoria, sendo que a sua inclui Abraão, Moisés e Jesus. A *Shalshelet ha-Kabbalah* ("Corrente da Tradição Esotérica") baseia-se no Sempreterno e no "Caminho da Cabala" – também "Obra da Carruagem" –, e a Redenção (*Tiqqun*) é o caminho espiritual. Os três principais textos cabalísticos são o *Sepher Zohar* ("Livro do Esplendor"), escrito – isto é, pelo menos, em seu sentido mecânico – por Moisés de Leon (1240-1305), embora Simeão bar Yohai, que viveu no século II, também seja apontado como seu autor; o *Sepher Bahir* ("Livro da Iluminação"), surgido na França no século XII, porém atribuído ao rabino Nehunia ben HaKanah, do século I; e o *Sepher Yetzirah* ("Livro da Formação"), cujo autor, segundo reza a lenda, foi Abraão, mas que pode ter sido escrito na mesma época que o *Bahir* (talvez por Akiba ben Joseph, que escreveu acerca de sua jornada pelos "Sete Palácios Celestiais"). Os principais personagens metafísicos da cabala são o Infinito *Ain Soph* e as dez (ou, às vezes, onze) *Sefirot*.

A cabala chegou à Europa por meio, entre outros, de Aarão ben Samuel (século IX), Salomão ibn Gabirol (c. 1021-c. 1088), cuja obra fundia os ensinamentos da cabala, do sufismo e do neoplatonismo, Abraão Abulafia (1240-1291) e José ben Abraão Gikatilla (1248-c. 1325). Particularmente depois da expulsão dos judeus da Espanha, em 1492, a cabala tornou-se um fator importante no pensamento europeu entre os séculos XV e XVIII, mesclando-se aos "redescobertos" hermetismo e neoplatonismo, além da alquimia e da corrente teo-sófica cristã. Um dos produtos dessa mescla foi o surgimento de um cabalismo *cristão* associado a nomes como o de Giovanni Pico della Mirandola (1463-1494), Johannes Trithemius (1462-1516), Johann Reuchlin (1455-1522), Guillaume Postel (1510-1581), Robert Fludd (1574-1637) e Christian Knorr von Rosenroth (1636-1689). Dois dos principais *maggids* (mestres) da cabala judaica no século XVI foram Moisés ben Jacó Cordovero (1522-1570) e Isaac Luria (1534-1572). Entre os posteriores mestres da cabala judaica incluíram-se Israel ben Eliezer (1698-1760), fundador do movimento chassídico, Moisés Hayyim Luzzatto (1707-1747) e, no século passado, Yehuda Ashlag (1885-1955). A cabala foi uma das três principais fontes (sendo as outras duas a alquimia e o hermetismo) dos ensinamentos de Éliphas Lévi (1810-1875) e Aleister Crowley (1875-1947), sendo que este ligou especificamente os graus da iniciação oculta às Sefirot. Para Gershom Scholem, é possível que haja uma fonte zohárica por trás de *A Doutrina Secreta*, de Blavatsky.[14]

Três Sefirot supremas:

> *Kether* ("Coroa")
> *Chokmah* ("Sabedoria")
> *Binah* ("Compreensão")

Sete Sefirot inferiores:

> *Chesed* ("Compaixão")
> *Geburah* ("Força")
> *Tipheret* ("Beleza")
> *Netsah* ("Triunfo")
> *Hod* ("Majestade")
> *Jesod* ("Fundação")
> *Malkuth* ("Reino")

No que se refere às Sefirot, escreve Leo Schaya, "encontra-se uma prefiguração da Trindade cristã nas três Sefirot supremas [...], ao passo que nas outras sete Sefirot, que são de natureza ontocosmológica, descobrimos a Trindade no sentido de que ela desce em direção ao cosmos".[15] Como o Deus Oculto de Boehme, Ain Soph – o "Senhor Superlativamente Uno" – possui uma unidade supraontológica, e esse Absoluto pode ser simbolizado como um círculo *ante* o espírito-ponto do hermetista. O que constituiria o "ponto" na cabala seria então a primeira Sefirah, Kether, ou a "Trindade cabalística" formada por Kether, Chokmah e Binah. As Sefirot podem ser definidas como "receptáculos", e mais de um autor associou as sete Sefirot inferiores aos chakras orientais. A cabala, como a Teosofia cristã, também atesta com veemência que o homem é corpo, alma e espírito (*nefesh*, *ruach* e *neshamah*, respectivamente), e comumente fala de quatro mundos (de baixo para cima: *Assiah*, *Yetzirah*, *Briah* e *Atziluth*). Às vezes um quinto, o mundo de *Adão Kadmon*, é acrescentado acima do mundo de Atziluth.

Na cabala:
Atziluth ("Mundo da Emanação")
Briah ("Mundo da Criação")
Yetzirah ("Mundo da Formação")
Assiah ("Mundo da Manifestação")
No sufismo:
Alam al-Izzah ("Mundo da Glória")
Alam al-Jabarut ("Mundo do Poder")
Alam al-Malakut ("Mundo da Realeza")
Alam al-Mulk ("Mundo da Posse")

Esses mundos são mundos da *experiência*. Assiah é o mundo da experiência ordinária; "este mundo do homem e da matéria": a dimensão quantitativa dos Tradicionalistas. Ele é mais que o mero universo *material*, pois incluiria também os níveis emocional e mental inferior dos teosofistas. Existe um período de "Gestação" no Caminho da Cabala, afirma

Z'ev ben Shimon Halevi.[16] Quando tem uma interpretação *mística* da cabala, antes da hora do "Despertar da Consciência", o estudante se limita a uma interpretação literal, alegórica ou metafísica dela, já que se restringe ao mundo da experiência (Assiah). Os teosofistas veem no quarteto das Sefirot Malkuth, Jesod, Hod e Netsah o Quaternário dos centros físico, etérico, emocional e mental inferior. De acordo com Halevi, aquilo para que o estudante desperta após essa "Gestação" é a experiência do mundo de Yetzirah, e isso está relacionado à "tríade anímica" de Tiphereth, Geburah e Chesed (que os teosofistas ligam ao Ternário dos centros mental superior, búdico e átmico). Depois do "Despertar", vem o período da "Nutrição" e, em seguida, o período da "Maturidade", que leva à experiência do mundo de Briah. Conforme o que está escrito, Yetzirah é a morada das almas dos homens, e Briah é a morada do Céu. No Céu estão os "Anciãos da Casa de Israel", instruídos por um "Homem plenamente desenvolvido". Deste, assim fala Halevi: "Alguns o conhecem como o Messias e outros, como o Eixo de uma Era. Ele tem um lugar e um nome em cada tradição viva".[17] Atziluth é o "imutável mundo divino", podendo assim estar relacionada à Consciência Pura dos Teosofistas (e à comunhão na consciência do corpo de nosso Homem Solar). Se esse for o caso, o mundo de Adão Kadmon pode estar relacionado ao nosso Homem Solar em níveis cósmicos.

As sete Sefirot inferiores (vistas de baixo para cima) foram associadas às figuras bíblicas de Davi, José, Aarão, Moisés, Jacó, Isaac e Abraão. Franz Bardon as associou – juntamente com Binah – à Terra sem princípios (0), à Lua (1), a Mercúrio (2), a Vênus (3), ao Sol (4), a Marte (5), a Júpiter (6) e a Saturno (7) nos Mistérios arcaicos. Chokmah e Kether então estariam relacionadas à Ogdóada (8) e à Enéada (9), respectivamente, cabendo a Ain Soph ser a "Décima". Observamos que aqui o Sol está ligado a Tiphereth, que em praticamente todas as interpretações da cabala tem papel central como a alma ou, mais especificamente, como o *corpo* da alma (o "Trono de Salomão"). Isso é homólogo ao *Templo* de Salomão na franco-maçonaria esotérica e ao Corpo Causal na Teosofia (ver a Parte Dois). Dois outros termos que encontramos na cabala são *Macroprosopo* (a "Face Maior"), que está relacionado ao espírito-ponto dos cabalistas, e *Microprosopo* (a "Face Menor"), que está relacionado às Sefirot inferiores, excetuando Malkuth, que "não tem princípios". A Face Menor é simbolizada pela estrela de seis pontas: eis aqui o matrimônio do homem inferior tríplice (Jesod, Hod e Netsah) com o homem superior tríplice (Tiphereth, Geburah e Chesed). A cabala, como a Teosofia cristã, também dá ênfase à *Vontade*. A esse propósito, diz Yehuda Ashlag:

> Com a criação dos mundos, com suas involuções atingindo este mundo mundano, prepara-se um lugar apropriado ao serviço à divindade [...] (não com o propósito de fazer jus a uma recompensa, mas com o único fito de aprazer ao Criador). Então as almas tornam-se aptas a converter sua vontade de receber (que as dissocia e separa do Criador) numa vontade de dar (que lembra a vontade do Criador) e, com isso, atingir o grau mais alto de devoção e unidade. À medida que atingirem esse estágio de unidade, as almas já terão sido destituídas de sua vontade de receber, pois adquiriram, no lugar dela, a vontade de dar. Em vez de egotistas, elas se tornam altruístas. A vontade de conceder é como a vontade do Próprio Criador.[18]

ALQUIMIA

> Todos os filósofos herméticos dizem que, embora a Ars Magna seja algo natural tanto em sua essência quanto em suas operações, nela têm lugar coisas surpreendentes que elevam o espírito do homem em direção ao Autor de seu ser e poderiam manifestar Sua sabedoria e glória.
>
> Antoine-Joseph Pernety[19]

Embora a alquimia seja uma prática, e não uma escola, podemos falar de uma tradição de pensamento alquímico. Portanto, dizer "na alquimia" é dizer "no pensamento alquímico", e aqui estamos considerando esse pensamento: a) no Ocidente (principalmente entre os séculos XIII e XVII) e b) na alquimia "interior" ou espiritual (*Neidan*, na tradição chinesa), em oposição à alquimia "exterior" ou material. Tanto o alquimista material quanto o alquimista espiritual buscam transmudar chumbo (ou metais básicos em geral) em prata e ouro.

Porém, no caso deste último, o "chumbo" é ele mesmo, e a "prata" e o "ouro" relacionam-se a "suas" naturezas anímica e espiritual, respectivamente. Entre os nomes associados à alquimia ocidental – à alquimia na Europa – estão os de Ramón Lull (1235-1310), Nicolas Flamel (1330-1417), Bernardo de Treviso (1406-1490), Marsílio Ficino (1433-1499) e Heinrich Khunrath (1560-1605). Podemos acrescentar a essa lista Paracelso (e seu lendário mestre Salomão Trismosin), Agrippa, Fludd, Gichtel e Weigel.[20]

A obra alquímico-espiritual é a Ars Magna, a Grande Obra, a Estrada Real e a Arte Hermética. Como a Estrada Real, ela é também a busca dos cavaleiros e a obra de reis. Essa obra, diz Titus Burckhardt, é "reaver a nobreza original da natureza humana".[21] "Original" aqui refere-se ao Sempreterno dos Tradicionalistas, e a obra é, portanto, algo que conduz ao alto, à Consciência Pura e ao *status* individual do *Zhenren* ("Homem Autêntico") na alquimia chinesa. A Arte Hermética é a arte de conseguir a ascensão através das esferas planetárias (a Grande Obra é também a *Obra Solar*) e, ao mesmo tempo que é uma arte, ela é também uma "ciência natural". Ela pode ser assim quando o Caminho é *natural* (a enteléquia dos neoplatônicos), e o procedimento, em vez de aleatório e vago, é *sistemático*. Na alquimia ocidental, vemos o corpo, a alma e o espírito representados pelo sal, pelo mercúrio e pelo enxofre. Vemos também a alma representada pela Rainha e o espírito, pelo Rei. Se pudermos falar de uma representação alquímica do mundo, ela será a ptolemaica, com a terra ao centro (ou na parte inferior) e, a seu redor (ou logo acima) os planetas e, em torno deles (ou, novamente, logo acima) as estrelas e, depois, o Empíreo. "O alquimista [em sua ascensão] *reverte a cosmogonia*", sugere Maurice Aniane,[22] e Julius Evola afirma que a experiência da iniciação alquímica "fornece a chave para a cosmogonia".[23]

Lido de cima para baixo = Cosmogonia

Lido de baixo para cima = Ars Magna:

Cósmica

Solar

Planetária

Terrena

Os alquimistas falam de uma *Pedra Filosofal*. Ela geralmente tem o mesmo significado que o Templo de Cristo na Teosofia cristã. O Rei é também o Leão Vermelho e a Rainha, a Águia Branca, enquanto o corpo (o eu pessoal) é o Corvo Negro. (Na alquimia, há inúmeras imagens e símbolos – esses são apenas alguns dos mais comuns.) Os três estágios geralmente reconhecidos da Obra são "o Negro" (*Nigredo*), "o Branco" (*Albedo*) e "o Vermelho" (*Rubedo*). Também há referência à "Obra da Noite", à "Obra do Amanhecer" e à "Obra do Dia". Está claro que o estágio Negro (que envolve uma "Putrefação") refere-se à morte do ego pessoal – ou, mais precisamente, à morte da *identificação com* o ego pessoal. A Putrefação é a "morte existencial, a perda da identidade pessoal", diz Antoine Faivre.[24] Titus Burckhardt cita apenas dois estágios: 1) do Negro ao Branco e 2) do Branco ao Vermelho. O primeiro deles (que é também a "Obra Menor") tem relação com a "espiritualização do corpo" e o segundo (a "Obra Maior"), com a "corporificação do espírito".[25] Ele diz: "Enquanto a 'obra menor' tem como meta a recuperação da receptividade e da pureza original da *alma*, a meta da 'obra maior' é a iluminação da alma pela revelação do *Espírito* que existe nela".[26]

Na Parte Dois, examinaremos os dois amplos estágios do caminho espiritual no esoterismo, que são os que vão "da personalidade à alma" e "da alma ao espírito". O primeiro deles cobre o período que vai até a terceira iniciação oculta; o segundo, o período que vai daí até pelo menos a quinta iniciação. Os alquimistas falam de um Matrimônio Divino entre os opostos e também das "Bodas Químicas". Na verdade, existem *dois* "matrimônios" ao longo do Caminho: o primeiro é o do alquimista e sua natureza argêntea (anímica); o segundo, o do alquimista argentado e sua natureza áurea (espiritual). Vemos que a alma (a Rainha) pode ser vista como "feminina" – e se *houvesse* apenas a Obra Menor, então haveria apenas um único matrimônio – o do ego pessoal "masculino" com a Rainha (também conhecida como Luna). Aniane fala desse primeiro matrimônio como aquele em que "a feminilidade cósmica prevalece sobre a objetividade masculina".[27]

Mas há ainda uma Obra Maior – e, portanto, um matrimônio superior, a saber, o da Rainha com um Rei (que também é Sol). A Rainha, além disso, é representada por Aurora, a deusa romana do amanhecer, cujo irmão é Hélio, o Sol. (Esse matrimônio é também o "Hierosgamos do Sol e da Lua" e a "Conjunção do Fogo e da Água".) *E, indo além*, há uma morte e uma ressurreição desse "Andrógino Hermético". O primeiro matrimônio, o segundo matrimônio e a ressurreição final relacionam-se à terceira, quinta e sétima iniciações dos teosofistas, como veremos na Parte Dois. De fato, a alquimia menciona frequentemente sete graus de iniciação. Relembrando nossa divisão (terrena, planetária, solar e cósmica), pode-se dizer que na primeira iniciação o alquimista deixa o reino terreno e começa sua jornada pelo reino planetário. Na sétima, ele deixa o reino planetário e entra no reino solar – daí a reversão da cosmogonia.

Em *The Six Keys of Eudoxus*, texto anônimo do século XVII, há uma Primeira, uma Segunda *e* uma Terceira Obra. A Primeira Obra (que o autor do texto divide em três estágios ou "Chaves") consiste em "alvejar o Negro e vivificar o Branco" e, nesse meio-tempo, o "Artista Sábio corta a cabeça do Dragão Negro".[28] O Dragão Negro representa a mente analítica ordinária que, sozinha, não pode escapar à sua própria gravidade. A Primeira Obra termina com o matrimônio do homem com a Rainha. Assim temos a nossa Pedra Filosofal, e depois disso os Filósofos "rubificaram a pedra branca com o esperma solar", escreveu Marsílio Ficino.[29] A Segunda Obra (depois de mais duas Chaves) termina com o matrimônio da Rainha/homem argentado com o Rei. A Terceira Obra relaciona-se ao período posterior à quinta iniciação – que, por ser o período que sucede a uma relativa iluminação (também abordada na Parte Dois), é a Obra do Dia.

FIGURA 5: A OBRA ALQUÍMICA

Obra:	Levando a:
Primeira Obra ou Obra da Noite	O matrimônio do homem (a personalidade) com a Rainha (a alma)
Chaves 1-3	Também a criação da Pedra Filosofal
Do Negro ao Branco	Este período envolve uma Putrefação e um Alvejamento

Em dor e em silêncio, ele [o Alquimista] relembra-a [sua natureza anímica] em si como água parada. Ele leva o Mercúrio de volta a sua possibilidade indeterminada: esse é o "retorno à matéria-prima".

Maurice Aniane[30]

Segunda Obra ou Obra do Amanhecer	O matrimônio do alquimista argentado com o Rei (o espírito)
Chaves 4-5	Também a produção do Elixir Dourado (*Jindan* na alquimia chinesa)
Do Branco ao Vermelho	

A Quarta Chave da Arte é a entrada na Segunda Obra. [...] A terrificação do Espírito é a única operação dessa obra. [...] Para corporificar o Espírito, [...] é preciso ter dissolvido bem o corpo [a Pedra] que contém o enxofre.

Eudoxo[31]

Terceira Obra ou Obra do Dia	A Ressurreição Final
Chaves 6+	Alguns alquimistas falam do estágio "Púrpura" – a cor da realeza, que se encontra ao fim da Estrada Real ou Obra Solar.
Pós-vermelho	Aqui temos uma "Vivificação" e uma "Multiplicação" da luz espiritual, além de uma "Projeção do Medicamento" no mundo.[32]

Todo o Progresso da obra do Filósofo não é senão a Solução [dissolução] do corpo [o ego pessoal] e o Congelamento [estabelecimento, reificação] do Espírito [para o bem de todos].

Jean d'Espagnet[33]

PARTE DOIS
O CAMINHO ESPIRITUAL

5 Espiritualidade e cosmologia

ESPIRITUALIDADE E INICIAÇÃO

> O primeiro requisito para obtermos o autoconhecimento é conscientizar-nos profundamente da ignorância; sentir com cada fibra do coração que nos enganamos incessantemente. O segundo requisito é a convicção ainda mais profunda de que esse conhecimento [...] pode ser obtido pelo esforço. O terceiro e mais importante é uma determinação indominável de obtê-lo e encará-lo.

Helena Blavatsky[1]

Nesta parte abordaremos o caminho espiritual ou iniciatório da maneira como o expressa, principalmente, a linguagem teosófica moderna (ou seja, a linguagem de Blavatsky, Purucker, Bailey etc.) e também Rudolf Steiner. Portanto, se assim desejar, o leitor poderá reler o Capítulo 3 agora. A Teosofia moderna é a escola esotérica mais recente e de maior pendor comparatista, sendo sua linguagem possivelmente mais acessível e, ao mesmo tempo, tecnicamente completa. Em todo caso, há escassez de material sobre as especificidades do Caminho em muitas outras escolas esotéricas (sendo a cabala talvez a exceção). Analisaremos ideias acerca do que é o caminho, dos estágios que ele contém, de sua relação com os planos, os Raios/Espíritos e os princípios e a obra que o indivíduo tem de realizar e por quê. Poderíamos começar observando que a expressão "caminho da iniciação" é usada muitas vezes e que esse caminho é, nas palavras de Bailey, um "processo autoimposto de obrigação".[2] Max Heindel afirma que o caminho é uma oportunidade para desenvolver as faculdades superiores em pouco tempo e com treinamento rigoroso, "ganhando assim a expansão da consciência que toda a humanidade certamente possuirá por fim, mas que a vasta maioria prefere adquirir por meio do lento processo da evolução comum".[3] O caminho espiritual como caminho da iniciação é o "atalho" para aqueles que têm aspirações espirituais. Iniciar é fazer com que um processo ou ação comece. *O iniciado*, diz Bailey, não é o *resultado* do processo evolucionário, mas sim sua *causa*. Por meio desse processo ele aperfeiçoa seus veículos de expressão espiritual.

Nós comumente falamos da iniciação num grupo (que pode exigir a realização de um juramento ou ritual) ou da iniciação numa experiência. É nesse segundo sentido que reconhecemos as iniciações "naturais", como a transição da infância à vida adulta, e as iniciações sociais ou culturais que as podem acompanhar. Porém, como diz Robert Ellwood, há também um terceiro tipo de iniciação – a espiritual – reconhecida pela maioria das tradições religiosas.[4] (Da mesma maneira que usamos o mundo ficcional da Terra Média como analogia para nossa situação ontológico-existencial, devemos observar aqui que Ellwood usou a história de *O Senhor dos Anéis* como alegoria do caminho espiritual.[5]) A iniciação espiritual é o *avanço para uma nova percepção*, com o caminho espiritual dividido em estágios, cada um dos quais sucedendo a um avanço na percepção e conduzindo a outro estágio. Este ponto deve ser enfatizado: "Não se pode conferir uma iniciação a outrem", diz Purucker. "Todo crescimento, toda iluminação espiritual, tem lugar *dentro de cada um*."[6] E o rosacrucianista R. Swinburne Clymer frisa:

> A Iniciação Oculta não deve ser confundida com a iniciação cerimonial comum, por mais ilustrativa que esta possa ser. A Iniciação Oculta é a revelação gradual dos Mistérios à Alma, à medida que esta ganha *Consciência* interior de sua Divindade ou Imortalidade.[7]

Por que alguém optaria por submeter-se a um "treinamento rigoroso?" Em última análise, talvez porque *precisa* – com referência a uma necessidade existencial soteriológica. Ellwood afirma que o momento decisivo na vida de uma pessoa, quando ela decide submeter-se a esse treinamento, normalmente sucede a um período de profundo desespero diante do vazio ou da falta de sentido da vida comum.[8] Ou pode ser também depois que um interesse intelectual – que vai se aprofundando a um ritmo constante, com anos de estudo e reflexão – culmina numa decisão "filosoficamente necessária" de pôr um ponto final na mera intelectualização. Annie Besant diz que o repetido anseio por prazeres terrenos e gratificações intelectuais, seguido da posse total e de posterior fastio, gradualmente ensina ao indivíduo a natureza transitória e insatisfatória das dádivas da vida comum. Ele então diz a si mesmo:

> Tudo é vaidade e desconcerto. Centenas, sim, milhares de vezes possuí e por fim encontrei decepção até na posse. Tais alegrias são ilusões: como as bolhas transparentes, iridescentes, de um riacho, explodem a um simples toque. Tenho ânsia de realidades; basta de sombras; suspiro pelo eterno e verdadeiro, pela liberdade das limitações que me constrangem, mantendo-me prisioneiro em meio a essas volúveis demonstrações.[9]

A Teosofia ensina que a jornada assiste a nossa desidentificação com todos os nossos corpos. A Mônada é o sétimo (contando de baixo para cima), e consciência Monádica refere-se à comunhão na consciência do corpo de nosso Homem Planetário. Esse é o "primeiro" Deus que conhecemos e, portanto, até certo ponto, o único com que precisamos nos preocupar. Com efeito, segundo a Teosofia, quando se fala de Deus nas tradições místicas, é a *esse* Deus que comumente se alude. Sendo assim, *iluminação* geralmente diz respeito à comunhão numa consciência planetária – *não* a uma consciência do universo inteiro, embora não seja "incorreto" falar desse Deus como *o* Deus, *o* Todo, pois ele é nosso "contexto" ontológico-cosmogenético *inicial*. Na Teosofia, há cinco iniciações, às vezes chamadas (com licença do misticismo cristão) de Nascimento, Batismo, Transfiguração, Crucificação e Ressurreição. (A última é às vezes chamada de Revelação, sendo a *sétima* iniciação a verdadeira Ressurreição.) Essas cinco iniciações colocam-se entre a consciência humana ordinária e a comunhão na consciência do corpo do nosso Homem Planetário como Deus. Porém, já que *essa* iluminação não é o fim das coisas, ainda há duas iniciações mais avançadas que podem ser feitas em nosso sistema cósmico ou com relação a ele. "Na verdade, existem dez graus", afirma Purucker, "mas devemos ater-nos apenas aos sete que se relacionam aos sete planos manifestados do sistema solar".[10]

Cinco, sete, dez iniciações [...] O autor obedeceu à divisão teosófica comum do caminho nesta parte, divisão essa que se baseia nos ubíquos "sete inferiores" e "três superiores". Entretanto, diferentes divisões numéricas são possíveis e aventadas – Bailey, por exemplo, às vezes refere-se à Transfiguração como a *primeira* iniciação importante, devido ao fato de o conhecimento agora assumir um caráter *cosmológico* (ele sempre teve um *contexto* cosmológico). A segunda iniciação importante é então a quinta na divisão usual – uma dimensão cosmológica mais ampla (solar, e não simplesmente planetária) começa a se abrir aqui. A primeira dessas iniciações importantes corresponde, na alquimia, ao "aparecimento do ouro" ao fim da Obra da Noite; a segunda corresponde ao Hierosgamos do Sol e da Lua ao fim da Obra do Amanhecer. Por outro lado, na franco-maçonaria esotérica o "Limiar" não é transposto antes da chegada "do Dia": a primeira cota de uma vida genuinamente nova espera por isso. Assim, não devemos preocupar-nos tanto com a divisão numérica, embora não haja relativismo quando se trata da *direção* do caminho. Como já disse Steiner, em última análise o caminho é o caminho desde o espiritual em nós até o espiritual *no universo*.

O próximo capítulo desta parte abordará a primeira iniciação, da qual os teosofistas acreditam que a humanidade em geral (ou uma proporção significativa da humanidade) está se aproximando. Esse avanço coletivo vai "influenciar de modo significativo o desenvolvimento da sociedade no mundo inteiro", afirma Niels Bronsted[11] – o que, se for verdade, é um eufemismo. O Capítulo 7 examinará a segunda e a terceira iniciações, o Capítulo 8, a quarta e a quinta iniciações, e o Capítulo 9, as iniciações mais avançadas (sexta, sétima e superiores). Quando as analisarmos, teremos oportunidade de relacioná-las aos estágios da meditação no Raja-Yoga, às três experiências místicas comuns identificadas por Robert K. C. Forman (o Evento da Consciência Pura, o Estado Dualístico Místico e o Estado Unitivo Místico) e também à Noite Escura da Alma e à Vida Unitiva segundo Evelyn Underhill. Na Parte Três, que aborda também a psicologia espiritual "regular", teremos oportunidade de relacionar as iniciações aos estágios superiores (transpessoais) da evolução da consciência conforme postula Ken Wilber. Para concluir este capítulo, continuaremos tratando de mais algumas ideias gerais sobre o caminho espiritual ou iniciatório.

INICIATOLOGIA E COSMOLOGIA

O caminho, diz J. S. Bakula, "inicia o indivíduo nos estados superiores e expandidos da consciência que estão associados aos planos da metade superior".[12] Esses seriam os planos acima do físico, emocional e mental inferior. Se de algum modo pudéssemos fazer um robô semelhante a nós em termos de nosso "dilema da consciência", ele teria condição – como nós temos – de conhecer a si mesmo e ser ele próprio um pensador, ser sensível e ator. Para a Teosofia, temos condição de conhecer a nós mesmos e ser nós próprios pensadores, seres sensíveis e atores porque – como normalmente se diz – nossos chakras ou princípios inferiores estão *abertos*. Porém o Adepto (o quinto iniciado) tem todos os sete centros abertos, o que significa que ele tem condição de conhecer a si mesmo e ser ele próprio mais que apenas um pensador, ser sensível e ator. *Normalmente*, diz Niels Bronsted (com a compreensão de que as coisas nem sempre correm assim – e Steiner também fala a respeito disso[13]), na primeira iniciação o centro da garganta (manas) é aberto; na segunda iniciação o centro do coração (buddhi) é aberto; na terceira iniciação os dois centros da cabeça (atma e a Mônada) são abertos.

De acordo com Bronsted, na terceira iniciação "o discípulo tem seu primeiro contato direto com a Mônada [...], o próprio Logos planetário agindo por meio de seu veículo de expressão".[14] A palavra "primeiro" é importante aqui. Ao escrever acerca dos estágios na vida do yogue, Swami Rajarshi Muni menciona um momento em que o indivíduo vivencia o "reflexo distante e serenamente extático de seu atman [Mônada], que gradualmente se torna cada vez mais claro".[15] "Cada vez mais claro" se referiria à quarta e à quinta iniciações, quando o indivíduo passa a ter posse mais plena da consciência Monádica. Em relação talvez à terceira iniciação, Jiddu Krishnamurti descreveu a seguinte experiência numinosa:

> No primeiro dia, quando eu estava naquele estado e mais consciente das coisas a meu redor, tive uma experiência extraordinária. Havia um homem consertando a estrada; aquele homem era eu; a picareta que ele segurava era eu; a própria rocha que ele quebrava era uma parte de mim; a frágil folha de grama era meu próprio ser e a árvore ao lado do homem também era eu. Eu podia sentir e pensar como o operário que consertava a estrada, podia sentir o vento soprando pelas árvores, e a pequena formiga na folha de grama eu também podia sentir. Os pássaros, a poeira e até o próprio som eram parte de mim. Justo então um carro passou a uma certa distância; eu era o motorista, o motor e os pneus; à medida que o carro se afastava, eu também me afastava de mim mesmo. Eu estava em tudo ou, melhor dizendo, tudo – inanimado e animado, a montanha, a minhoca e todas as coisas que respiram – estava em mim.[16]

Os esoteristas ensinam que o homem é um ser tríplice – corpo, alma e espírito. Em termos gnósticos, *hyle*, psique e pneuma e, em termos cabalísticos, nefesh, ruach e neshamah. Espírito aqui *pode* referir-se à Mônada e corpo, ao ego pessoal corpóreo (a personalidade – o que pensa, o que sente e o que age). Segundo dizem os hermetistas, o homem identifica-se primeiro com o círculo, depois, com a linha e, então, com o ponto, de modo que a sequência é: identificação com o corpo (ego pessoal/personalidade), identificação com a alma (consciência) e identificação com o espírito (Mônada). O caminho espiritual pode ser dividido em duas metades: a primeira (até a terceira iniciação) consiste em ir desta à segunda – da personalidade à alma. A segunda metade (da terceira iniciação até a quinta iniciação, pelo menos) consiste em ir da alma ao espírito.

> Para tudo existem dois estágios no caminho. [...] O primeiro grau é a conversão da vida inferior; o segundo – atingido por aqueles que já chegaram à esfera dos Inteligíveis e lá deixaram, por assim dizer, uma marca, mas ainda precisam avançar no reino – dura até que eles atinjam extremo controle do local, sendo o Termo alcançado quando o mais alto pico do reino Intelectual é conquistado.
>
> Plotino[17]

O ego/personalidade pessoal, como tal, não se "evapora". Trata-se de se tornar um novo *si* mesmo, e não um novo *alguém*. "Os homens temem tal caminho por temerem perder a personalidade, que para eles é a própria vida", diz Paul Brunton. "Mas a verdade exata é que o ego pessoal é [simplesmente] subordinado, tornado agente de um poder superior."[18] O homem se torna um agente do Divino – em outras palavras, o "Filho do Pai" – e seu serviço espiritual tem que ver com a celestialização do mundo. Ao executá-lo, ele obtém o que poderíamos chamar de "satisfação no trabalho espiritual", tornando-se o que G. I. Gurdjieff (como os alquimistas chineses) denominaria de homem autêntico. A certa altura de *The Supersensual Life*, de Boehme, o Discípulo pergunta: "A Luz da Natureza em mim não será apagada por essa Luz maior [de Deus]?" O mestre responde:

> De Modo algum. É verdade que a Natureza Maligna será destruída por Ela, porém dessa Destruição tu não sairás Perdedor, mas sim Ganhador. A Eterna Ordem da Natureza é depois a mesma que era antes; e as Propriedades são as mesmas. De modo que a Natureza com isso só avança e melhora; e sua Luz – ou Razão humana –, por ser mantida em seus devidos Limites e regulada por uma Luz superior, só é tornada útil.[19]

Poderíamos voltar à analogia com a Terra Média para facilitar nossa compreensão "técnica" do caminho espiritual – e, na verdade, de todo o sistema cósmico em que estamos. O plano físico deste mundo seria composto por todos os corpos físicos das rochas, plantas, animais e personagens humanos/humanoides que o povoam, como o Sr. Baggins. O plano emocional seria composto por todos os corpos emocionais – as naturezas sensíveis – dos personagens e animais. Quando o Sr. Baggins olha para os amigos, ele não vê diante de si apenas seres físicos, mesmo que seus instrumentos científicos ou a filosofia materialista de sua cultura (se esta tivesse uma) lhe digam que só existe isso. Ele veria gente que sente, como ele. E, se pudesse pôr essas naturezas sensíveis num saco, lá dentro estariam os corpos emocionais de seus amigos. A montanha dele também sente e, portanto, também tem um corpo emocional. Como o Sr. Baggins, seus amigos (embora não sua montanha) também pensam, e o plano mental seria composto por todos os corpos mentais (os intelectos) dele mesmo, dos amigos e de todos os outros personagens.

Mas a Terra Média só existe na imaginação de um autor. Portanto, se entrássemos na Terra Média (tendo conhecimento disso) e encontrásse- mos o Sr. Baggins (o qual, no que lhe diz respeito, é tão real quanto seu mundo), poderíamos dizer-lhe que a realidade que vê é relativamente real, mas que por trás dela há uma "energia criadora espiritual". O esote- rismo ensina que por trás do nosso mundo há energias criadoras espiritu- ais (que são os Raios/Espíritos). Com uma lente, veríamos o universo material e científico. Com outra, seria possível ver os Raios/Espíritos, que são como "luzes". Uma delas brilha no centro físico, "fazendo" o homem conhecer a si mesmo e ser ele próprio um ser físico. Outra brilha no centro emocional, fazendo o homem conhecer a si mesmo e ser ele próprio um ser emocional. E uma terceira luz brilha no centro mental inferior, fazendo o homem conhecer a si mesmo e ser ele próprio um pensador. Na primeira iniciação, o centro da garganta ou manas se abre. Então o homem teria condição de conhecer a si mesmo e ser ele próprio algo mais – algo "superior" ao eu pensante ordinário...

6 A primeira iniciação

"**O**s três primeiros graus [da iniciação] dizem respeito ao estudo, à aspiração incessante de crescer espiritual e intelectualmente, [...] e também a viver a vida", afirma Purucker.[1] Com relação às três primeiras iniciações, o indivíduo tem de realizar um trabalho de desidentificação – com o ego pessoal (que, em decorrência disso, "putrifica-se") – e um trabalho de reidentificação – com a alma (esse é o "alvejamento" do alquimista). No que diz respeito ao primeiro, ele precisa ser capaz de dizer a si mesmo: "Tenho um corpo, mas *eu* não sou meu corpo; tenho emoções, mas *eu* não sou minhas emoções; tenho uma mente, mas *eu* não sou minha mente". "O trabalho de desidentificação não é necessariamente tedioso", diz Brunton, "mas tampouco é um passatempo para as horas de ócio."[2] No que diz respeito ao trabalho de reidentificação, o indivíduo precisa ser capaz de dizer a si mesmo: "Eu, a alma, tenho veículos físicos, emocionais e mentais".

O eu não é o corpo físico, ensina Brunton em *The Quest of the Overself* (1937). Se fosse, então a clarividência, por exemplo – quando o eu vê aquilo que, *como corpo*, não poderia – não seria possível. E o mesmo se aplicaria à capacidade (já demonstrada por algumas pessoas) de controlar os próprios batimentos cardíacos (inclusive interrompendo-os e reiniciando-os quando querem). O fato de essas coisas existirem prova que a vida não é do corpo, mas sim do eu. O eu não é o corpo físico nem o corpo emocional nem o corpo mental. Todos os pensamentos ganham vida *na* autoconsciência – o que inclui, evidentemente, todos os pensamentos sobre Deus, sobre o eu, a realidade etc. Para estudar o eu é preciso atenção determinada, afirma ele. Estudar outros objetos (as ideias, o cérebro etc.) é apenas fugir desse trabalho. O limite da análise lógica é atingido com essa compreensão do que o eu *não é*. A partir daqui, o intelecto só pode ter utilidade na *interpretação*, não na *pesquisa*. O presente em que o eu reside permanentemente é um presente *fora do tempo* (tempo do personagem). Isso porque passado, presente e futuro são pensamentos que, como todos os pensamentos, ganham vida na consciência. A sequência de estados de consciência é, da mesma maneira, uma sequência fora do tempo. O tempo é produto da mente adulta, que constrói formas de pensamento (cf. o estágio Mental de Wilber e a visão de mundo perspectiva de Gebser no Capítulo 12).

FIGURA 6: AS TRÊS PRIMEIRAS INICIAÇÕES

1ª Iniciação:
O brilho da luz penetra

O indivíduo então tem a sensação de si mesmo como – para usar uma determinada linguagem – "Mente Universal". Primeira ordem de experiência da alma

2ª Iniciação:
O brilho da luz penetra

O indivíduo então tem a sensação de si mesmo como – para usar uma determinada linguagem – "Amor Universal". Segunda ordem de experiência da alma

3ª Iniciação:
O brilho da luz penetra

O indivíduo então tem a sensação de si mesmo como – para usar uma determinada linguagem – "Vontade Universal". Terceira ordem de experiência da alma

O brilho da luz penetra

Primeira ordem de experiência do espírito

Nesse estágio (anterior à primeira iniciação), o trabalho de desidentificação envolve particularmente o desenvolvimento da qualidade da impassibilidade, diz Barbara Domalske.[3] No que diz respeito à segunda e à terceira iniciações, trata-se de *discriminação* e *desprendimento*, respectivamente. A impassibilidade que deve ser desenvolvida refere-se às metas da vida comum – bem-estar material, felicidade emocional e conhecimento intelectual. Não há nada de "errado" com nenhuma dessas metas, mas elas contribuem para manter (e, num período anterior, contribuíram para construir) o ego pessoal. Um sinônimo de impassibilidade é indiferença, e Besant fala da necessidade de cultivar uma indiferença básica diante das coisas e assuntos externos. Isso não implica não ter emoções, mas refere-se à equanimidade e à distinção entre o que já não tem nenhum valor verdadeiro em si (como um passatempo ou um bem material) e o que tem (o que se reduz à busca e à expressão da suprema verdade e do ser supremo).

Há também a necessidade de autocontrole no falar e no agir, diz ela. *Inocuidade* é a palavra-chave com relação ao primeiro (não ser servil, mas ser consciente daquilo que se fala, de onde – no eu – isso vem e de seus efeitos sobre os outros: o que serve para "aumentar" o eu e "diminuir" os outros é prejudicial). E o segundo refere-se particularmente ao controle dos apetites físicos. Viver com pureza é preferível – se é que não imprescindível, nesse estágio pelo menos. Alguns esoteristas prescrevem o vegetarianismo e a abstinência do fumo e do álcool, ao passo que outros dizem que isso fica "entre o homem e sua alma", com a compreensão de que, com o tempo, a alma mostrará ao homem – por assim dizer – o que ele pode e o que não pode fazer. Uma outra necessidade é a de acalmar a mente por meio da meditação. E, finalmente, há a necessidade de uma tolerância que seja "a aceitação tranquila de cada homem, de cada forma de existência, como são, sem exigir que eles sejam outra coisa, mais ao agrado de cada um".[4] Rudolf Steiner também ensinou a necessidade de equanimidade, o controle dos próprios pensamentos (por meio da meditação) e atos e o desenvolvimento da tolerância, enfatizando a necessidade de desenvolver o "amor à liberdade interior", sem o qual o extenso projeto gnóstico não se sustentaria.[5] O "anseio profundo e forte de libertação" é, com efeito, "a promessa de sua própria realização", disse Besant.[6]

A ideia básica é a seguinte: assim como a criança precisa renunciar à sua consciência infantil para tornar-se adulta, o indivíduo precisa renunciar à sua consciência pessoal para tornar-se um "adulto espiritual". Ao mesmo tempo, além desse trabalho de desidentificação, há um trabalho de reidentificação a realizar: o indivíduo precisa "construir-se outra vez" como ser espiritual. Isso requer: a) visualização – o indivíduo se vê como um ser espiritual (o que está particularmente relacionado a esse estágio, que é anterior à primeira iniciação), b) afirmação – o indivíduo diz a si mesmo que ele é um ser espiritual – e c) atuação como esse ser. No geral, o indivíduo deve "substituir" a sensação de si mesmo como pessoa pela sensação de si mesmo como ser espiritual, que está aqui para servir à vida/Deus. Ele deve substituir sua natureza sensível pessoal por uma natureza amante do espiritual e sua polarização pessoal em torno de uma doutrina espiritual, por uma polarização – genuinamente "acima de tudo isso" – em torno da Sabedoria que é. E (isso refere-se particularmente aos últimos estágios do caminho) deve substituir sua vontade pessoal pela vontade divina. Ele deve fazer o que for melhor para o Todo, sendo o Todo aqui a vida planetária, que ele experimenta diretamente pela primeira vez na terceira iniciação. Com relação a isso, o lema-chave é: "Deus, que se faça, não a minha, mas a sua vontade".

A MEDITAÇÃO E O RAJA-YOGA

> Você não deve ter ideias místicas sobre a meditação nem pensar que ela é fácil. A meditação deve ser completamente pura, no sentido moderno. É preciso paciência e energia anímica interior – e, acima de tudo, ela depende de um ato que ninguém mais pode fazer por você: ela requer uma resolução íntima à qual obedecer. Quando começa a meditar, você está realizando a única atividade completamente livre que há na vida humana.
>
> Rudolf Steiner[7]

Segundo ensinou Patanjali, a união com a alma é atingida quando se subjuga a mente como *chitta* – que se refere a *todas* as "coisas" que se processam na percepção de uma pessoa (não apenas pensamentos, mas também sentimentos e percepções sensoriais). Quando isso é atingido, o ser humano se conhece (ou tem condição de conhecer-se) como a alma. Dois dos obstáculos à união são: 1) falta de aspiração (o amor à liberdade interior de que fala Steiner como força motriz) e 2) falta de desenvolvimento intelectual. Só se pode "apreender" a alma (e união com a alma significa ser a alma *e* saber que se é o ser anímico) por meio de formulação metafísica. E, à medida que nossa noção do eu vai se tornando cada vez mais a noção da alma, nosso âmbito se torna cada vez mais o da alma até tornar-se completamente anímico, e esse âmbito só pode ser articulado metafisicamente. O desenvolvimento intelectual também é necessário quando contemplamos o serviço espiritual, em especial no mundo desenvolvido de hoje em dia. Quatro outros obstáculos à união são: 3) as "perguntas erradas", isto é, buscar respostas num dogma ou autoridade exterior, 4) a incapacidade de concentrar-se numa imagem ou ideia qualquer (posteriormente falaremos mais disso), 5) a "preguiça", ou seja, simplesmente não se dedicar o suficiente ao projeto gnóstico e 6) a falta de impassibilidade diante das coisas materiais (como já foi dito). Muni afirma que o aspirante deve expiar seus pecados – principalmente a luxúria (*kama*), a ira (*krodha*), a ganância (*lobha*) e o apego (*moha*).[8] Pelo menos, ao começar a trilhar o Caminho, ele precisará ter algum tipo de controle sobre essas coisas.

A remoção dos obstáculos à união requer a prática da meditação e também "leitura espiritual". Isso não quer dizer a leitura de literatura religiosa ou esotérica (embora esta seja considerada complementar), mas o desenvolvimento, depois de acalmar a mente, da intuição intelectual (para usar o termo de Guénon) para, assim, revelar aquilo que a mente discursiva ordinária não pode revelar. Com relação a isso, Steiner menciona a "Leitura da Escritura Oculta".[9] Patanjali ensinou que também deve haver devoção a *Ishvara*, que significa devoção tanto no trilhar do Caminho quanto no "reagir" à divindade contatada na forma de "vivência" da espiritualidade, ou seja, é preciso ser um modelo de excelência espiritual na vida cotidiana. Bailey criou, em 1923, uma escola de Raja-Yoga chamada *Arcane School*, e um de seus livros – *The Light of the Soul* (1927) – é uma paráfrase dos *Yoga Sutras* de Patanjali. Outro livro seu, *From Intellect to Intuition* (1932), descreve em detalhes e numa linguagem menos especializada os estágios da meditação que, num certo sentido, "conduzem a pessoa" ao caminho espiritual (até a quinta iniciação, pelo menos). Esses estágios ela denomina: a) Concentração; b) Concentração contínua; c) Contemplação; d) Iluminação e e) Inspiração. Max Heindel falou de estágios semelhantes, chamados de Concentração, Meditação, Contemplação, Adoração e União. E os três primeiros estágios de Steiner chamaram-se Cognição imaginativa, Inspiração e Intuição. O quarto estágio que ele menciona é aquele em que o discípulo adquiria "conhecimento real da relação entre Microcosmo e Macrocosmo",[10] e o quinto é aquele em que a união entre o homem e o Divino – o homem e seu Deus inicial – era concluída.

Bailey: Concentração

"Em todas as escolas de misticismo avançado ou intelectual, a primeira das etapas necessárias é a conquista do controle da mente", disse Bailey.[11] Quando a pessoa comum fecha os olhos, pensamentos e sentimentos (e sensações – por isso, aprender a relaxar fisicamente é requisito para meditar, sendo recomendável estar num ambiente tranquilo para fazê-lo) a "assaltam" de todos os lados. Ela tenta concentrar-se num pensamento, mas vê que outros a interrompem. A experiência é semelhante a estarmos no centro de uma cidade, cercados e às vezes subjugados por todo o burburinho. Por essa razão, a pessoa comum se "desliga" da meditação, sentindo-se incapaz ou indisposta para tentar acalmar a mente. A concentração consiste em fixar-se em alguma coisa. O que se propõe é que o estudante *fixe uma imagem divina de si mesmo recém-criada por ele* – um "novo eu" para o qual ele possa transferir, de certo modo ou até certo ponto, sua identidade.

Tanto a parte "divina" quanto a parte do "eu" fazem sentido no contexto de sua aspiração. (Que outro tipo de imagem teria o poder de captar e manter sua atenção a tal ponto?) Mas também há uma importância crucial na parte que alude a "recém-criada". Há uma coisa que esse trabalho de reidentificação – aliado ao trabalho de desidentificação já mencionado – serve para precipitar. Bailey acreditava que essa atividade de concentração poderia ser adaptada a nossos sistemas educacionais – e deveria ser por eles adotada –, reunindo as culturas oriental e ocidental de uma forma essencial, de modo que os alunos aprendessem a concentrar-se em imagens que não precisavam ser tradicionalmente "religiosas", contanto que cumprissem a mesma *função*. Se a humanidade está se aproximando coletivamente da primeira iniciação, podemos perguntar-nos se nosso desejo de "reencantamento do mundo" e nossa busca generalizada de uma nova visão da realidade que inclua uma autoimagem humana divina não é justamente o nosso esforço coletivo de desidentificação/reidentificação.

Steiner: Cognição imaginativa

Este é o primeiro estágio de cognição superior, diz Steiner, após aquele que "depende da percepção sensorial e da elaboração da percepção sensorial por um intelecto preso aos sentidos [...], que poderia ser chamado de [...] cognição objetiva".[12] O aluno tem de entregar-se inteiramente a certos quadros mentais cujo real conteúdo tem pouca importância. *No entanto*, tudo depende da concentração total da alma numa ideia ou quadro mental, colocado – por um ato da vontade – no próprio centro da consciência. Ao escrever sobre os estágios da ascensão no hermetismo alexandrino, Dan Merkur afirma que, para o iniciado prospectivo (isto é, o primeiro iniciado), a "noção do eu, que geralmente se baseia na propriocepção do corpo, deveria ser distinguida intelectualmente da sensação do corpo".[13] "Intelectualmente" é uma palavra perigosa aqui, mas a ideia básica continua a mesma: o homem deve *saber* que "Tenho um corpo, mas *eu* não sou meu corpo".

No trabalho de visualização há uma transferência de identidade do que é válido pública e ordinariamente – que seria o que o materialismo e o espelho dizem ao homem que ele é – para o que é concedido particularmente. Agora, é como se o tempo todo estivesse presente uma cognição superior tentando "fazer-se ouvir", mas sendo *bloqueada* pela cognição ordinária. Esse trabalho serve até certo ponto para *des*bloqueá-la. O objetivo do exercício, de acordo com Steiner, é desprender a alma da percepção sensorial. Esse desprendimento "não pode ser levado a termo enquanto o homem não sentir que está formando um quadro mental pelo uso de forças que não precisam do auxílio dos sentidos nem do [intelecto que é atrelado ao] cérebro".[14] O avanço na percepção tem o efeito de tornar o indivíduo capaz de então dizer a si mesmo:

> Minha consciência não se extingue quando abandono as percepções senso-riais e também meu pensamento intelectual ordinário; posso colocar-me acima e fora desse pensamento e então sentir a mim mesmo como um ser espiritual vivo, lado a lado com aquilo que eu era antes. Eis então aqui a primeira experiência puramente espiritual: o aluno torna-se consciente de si como um eu, um Ego, puramente na alma e no espírito.[15]

AVANÇO

O avanço na percepção *não* é o indivíduo ser a autoimagem divina por ele criada. Isso não seria um avanço na percepção, mas uma simples au-tossugestão. Em vez disso, a revelação é que ele existe *não nessa forma mental nem em qualquer outra*, mas como criad*or* de formas. Bailey diz que a primeira iniciação é a percepção do *terceiro* aspecto da alma, o aspecto da "inteligência ativa" (aqui podemos ler "consciência criado-ra"). A segunda iniciação é a percepção do segundo aspecto da alma, o aspecto do amor. E a terceira iniciação é a percepção do primeiro aspec-to da alma, o aspecto da vontade.[16]

Steiner tenta esclarecer: o aluno tem de entregar-se inteiramente a certos quadros mentais que, ao contrário dos quadros mentais "perten-centes à vida cotidiana", promovam e permitam uma concentração de-dicada. O conteúdo em si não é o que importa; o importante é sua uti-lidade para promover e permitir essa concentração dedicada. Por fim, cada aluno vai necessariamente fixar seu *próprio* símbolo (o que equi-vale a dizer: finalmente imaginá-lo em toda a sua glória pictórica). Sua interpretação do que esse símbolo significa no fim também será própria, e no *processo* de interpretá-lo se dá a autotransformação inicial. Não há nenhuma autotransformação desse tipo na interpretação de outros tipos de quadros mentais, pois neles a mente racional fixa-se em formas derivadas da convenção ou da imposição. Meditação significa concentração dedicada – um esforço do aluno *para infundir sua vida e sentido* nos do símbolo. Desse modo, ele se recria de acordo com o símbolo. Sua nova identidade então passa a personificar suas aspirações e intuições mais sublimes, tendo atrás de si todo o peso de sua dedicação e do seu esforço interpretativo. O que o aluno atinge é o construto de si mesmo, para si mesmo, como um ser que existe acima e além dos quadros mentais pertencentes à vida cotidiana – ele se conhece e vê como uma/a alma.

O cético aqui poderá dizer que o aluno está simplesmente aplicando-se uma lavagem cerebral para acreditar ser o que não é, mas a própria capacidade do aluno de fazer o que fez é testemunho de que essa capacidade é a do eu – *o que demonstra que o eu é distinto dos quadros mentais comuns em que postulamos sua existência.* Em outras palavras, uma pessoa não pode dizer a outra: "Isso é o que o eu é; não se iluda" porque sua prova está no quadro mental comum em si (e no argumento racional que serve para sustentá-lo). O aluno que dominou esse primeiro grau de treinamento esotérico (o primeiro iniciado) sabe que seu eu não será "encontrado" nesse quadro mental nem em outros que terceiros (cientistas, filósofos, teólogos) possam oferecer-lhe – o seu é o eu que tem a capacidade de forjar a própria forma com seu próprio esforço. Para Steiner, dizer que o quadro mental do aluno não é um quadro de seu verdadeiro eu é, no fim, apenas doutrinação. É também para a evolução do eu que se para no nível do "eu intelectual". Depois, o aluno precisará abandonar esse quadro mental, mas até lá este terá cumprido sua função, a saber, provar para o estudante que ele é um *construtor* de quadros mentais – o cria*dor* de formas. A alma só pode conhecer-se postulando-se por meio da mente e na mente, e isso é precisamente o que o aluno fez e, portanto, pelo menos lhe é inerente. O argumento quanto ao fato de o aluno ter sido ou não a alma (de ter havido uma alma) antes de ele a ter "inventado" é anulado. O fato é que agora ele é o que a alma seria, de qualquer modo – portanto, ele está sendo a alma e sabe disso.

No Capítulo 3, falamos da possibilidade de desvendar a ilusão do plano físico, e Bailey menciona o "Mistério da Matéria" associado à primeira iniciação.[17] *Ele* (o plano físico) não é senão um "sonho". Ele é o conteúdo do sonho ou da consciencia*ção* de um sonhador ou conscien-cia*dor*. Por conseguinte, o plano físico é *um*, e o conscienciador não pode ser o eu individual como ser objetivo discreto porque o conhecimento de si como esse ser foi agora "vencido". O conscienciador então tem de ser "todos e ninguém". Ao que parece, ocorrem cinco coisas com relação à primeira iniciação:

1. O centro da garganta/manas se abre.

2. Merkur usa a palavra "propriocepção", cujo sentido usual é "capacidade de sentir o corpo (físico)". Esse sentido não *funciona*, mas saber que ele é "meu", *sim*. Depois da primeira iniciação, a consciência de que o corpo físico é meu é substituída pela consciência de que ele é um veículo da alma. Poderíamos dizer que, para o aspirante à *segunda* iniciação (depois da primeira iniciação), a noção do eu *agora* se baseia ordinariamente na propriocepção do corpo *emocional*. O homem sabe que seu corpo físico não é real, portanto tem de se valer da noção do eu que se desenvolveu num momento posterior do desenvolvimento de sua personalidade (que é como ser sensível). De maneira análoga, ele tem de se valer de um sistema de crenças que "dê" ao homem mais que a existência material. "A essência da sublimação dos sentidos é sua elevação à região da *religião*", disse Arthur Edward Waite,[18] e Steiner fala de conhecer "o que vive por dentro, em nossa personalidade, também como um mundo exterior".[19] Porém, depois o homem tem de desidentificar-se desse corpo – o plano emocional também não é senão um sonho.

3. A alma (ou pelo menos uma ordem ou aspecto seus) é conhecida.

4. Há uma mudança de visão de mundo, de um "universo baseado na matéria" para um "universo baseado na consciência".

5. Algo que a Teosofia chama de Corpo Causal – e a franco-maçonaria esotérica, de Templo de Salomão – foi parcialmente construído. Depois da *terceira* iniciação, a propriocepção ordinária do indivíduo é *aqui*, neste "Templo".

O EVENTO DA CONSCIÊNCIA PURA

O Evento da Consciência Pura (ECP) é "a condição de estar inteiramente sem nenhum conteúdo sensorial ou mental", diz Robert Forman.[20] Entra-se num estado de unidade consigo mesmo – o que, como a própria forma que se tem não pode aqui ser conferida a nenhum objeto de sensação ou concepção, implica que se está num estado de unidade *com a própria consciência*. Forman compara isso ao estado de *Zazen* do zen-budismo. No Zazen o indivíduo "apenas está", não atentando para nenhuma das "dez mil coisas" que podem ocupar a mente, inclusive todos os pensamentos acerca do Nirvana, do tornar-se um Buda etc. "Eu, embora esteja no vazio, estou agora *em sua plenitude*", disse Gadjin Nagao."[21] Para Forman, o ECP a princípio é ocasional, mas depois torna-se um estado de ser permanente, lado a lado com o estado comum da vigília. Essa segunda experiência (abordada no próximo capítulo) é o "Estado Dualístico Místico".

No ECP a noção do eu não está nessa ou naquela forma. Objetivamente, portanto, deixa-se de existir para si mesmo. Em vez disso, ocorre uma autoidentificação com a própria consciência como o fluxo criativo que subjaz ao conteúdo sensorial e mental. O indivíduo que experimentou um ECP *é* então um primeiro iniciado. Ele agora se conhece como alma (como o aspecto criador desta, pelo menos), e não como corpo (a personalidade) – ou, melhor dizendo, como ambos, como afirmam Steiner ("Então sinto a mim mesmo como um ser espiritual vivo, lado a lado com aquilo que eu era antes") e Forman. As duas vertentes reconhecidas do misticismo são a apofática, ou "esvaziadora", e a catafática, ou "imagisticamente preenchedora". Podemos ver que a primeira relaciona-se ao trabalho de desidentificação. É necessário reduzir "a compulsiva e intensa catexia de todos os nossos desejos", de modo que "nossa atenção fique progressivamente disponível para sentir seu tranquilo caráter interior próprio", diz Forman.[22] Podemos ver que a vertente catafática relaciona-se ao trabalho de reidentificação. O resultado de ambas é o avanço para aquela "zona" em que os pensamentos já não existem mais e o pensador simplesmente é. O trabalho catafático ou reidentificatório poderia ser descrito como "religioso", mas a experiência do ECP ou primeira iniciação é sem dúvida uma experiência *trans*religiosa.

7 A segunda e a terceira iniciações

A SEGUNDA INICIAÇÃO

Estágios precedentes (desenvolvimento da personalidade):
  Noção do corpo físico
  Noção do corpo emocional
  Noção do corpo mental inferior ou noção do eu

Primeira iniciação:
  Noção da alma como consciência criadora ou corpo manásico
  A noção do eu como corpo físico agora foi vencida
  Viu-se através da ilusão do plano físico
  O novo nível do "centro psíquico de operações" do indivíduo é o emocional
  O primeiro iniciado tem uma nova visão de mundo, a qual ele poderia descrever como "consciência criadora por trás do universo"

Segunda iniciação:
  Noção da alma como amor ou corpo búdico
  A noção do eu como corpo emocional agora foi vencida
  Viu-se através da ilusão do plano emocional
  O novo nível do indivíduo é o mental inferior
  O segundo iniciado deixou para trás a religião

Terceira iniciação:

Noção da alma como vontade ou corpo átmico; também noção da Mônada

A noção do eu como corpo mental inferior (a noção do eu *per se*) agora foi vencida

Viu-se através da ilusão do plano mental inferior

O novo nível do indivíduo é o mental superior

A natureza manásica a essa altura está bem desenvolvida

O segundo estágio do trabalho diz respeito à *consolidação*. O primeiro iniciado se conhece como alma. Porém, como o eu emocional ainda é uma "potência", ele não é: a) tão transpessoal nem b) tão trans*religioso* quanto pode e agora tem de ser. Nesse estágio, o trabalho de desidentificação envolve particularmente o desenvolvimento da qualidade da discriminação, diz Domalske. Aquilo que deve ser discriminado é o real (o genuinamente transcendente) e o irreal (o meramente referencial). O eu emocional é religioso – haveria, enquanto ele ainda fosse uma potência, um *apego* a uma determinada linguagem espiritual. Num certo sentido, o *segundo* iniciado é alguém que "deixou para trás a religião". Diz-se que o período mais longo entre iniciações verifica-se entre a primeira e a segunda. Isso faz sentido quando se leva em consideração o que foi dito anteriormente – no que diz respeito não só à parte transreligiosa, mas também à parte transpessoal.

O primeiro iniciado pode ter "se superado" como ser físico, mas agora precisa se superar como ser emocional. O "Segredo do Mar" relaciona-se à segunda iniciação, diz Bailey,[1] e o trabalho aqui é o de romper a ilusão do "eu pessoal, da dúvida e da superstição", diz Besant.[2] Como dissemos anteriormente, o indivíduo deve substituir sua natureza sensível pessoal por uma natureza amante do espiritual e sua polarização pessoal em torno de uma doutrina espiritual, por uma polarização – genuinamente "acima de tudo isso" – em torno da Sabedoria que é. O segundo iniciado o *fez*, portanto o que agora precisa *vir* é o estabelecimento de uma aptidão transpessoal (principalmente transemocional) e transreligiosa. Uma faculdade superior precisa ser desenvolvida: o centro do coração (buddhi) precisa ser aberto. O trabalho de desidentificação, aliado ao trabalho de reidentificação aqui descrito, serve para precipitar essa abertura. Zachary F. Lansdowne afirma que, depois da primeira iniciação, "a ênfase está em usar a mente iluminada para descobrir, compreender e *dissipar as reações emocionais*".[3] E J. S. Bakula diz que se a primeira iniciação "marca o começo do fim da orientação materialística para a vida", a segunda iniciação "marca o começo do fim da luta emocional ou da preponderância do desejo pessoal".[4]

Bailey: Concentração contínua/Steiner: inspiração

O estágio da Concentração contínua sucede ao da Concentração, pelo fato de nele poderem ser usados "pensamentos-seminais" mais complexos, diz Bailey. Antes o indivíduo criou uma autoimagem divina e nela se projetou. Agora ele está fixando um pensamento-semente que afirma a identidade de sua própria alma e a invoca. Segundo Steiner, no estágio da *Inspiração*, o discípulo "entrega-se inteiramente à contemplação de sua própria atividade anímica, que [antes, e conforme ele se realiza] formava o quadro".[5] A percepção anímica consolidada ou estabelecida é transemocional e transreligiosa, e Bailey ensinou que a primeira e a segunda iniciações são "as duas únicas iniciações de importância significativa nesse momento, devido a seu *relativo* imediatismo".[6] O trabalho do aspirante à segunda iniciação é dissipar "a tempestade causada por sua natureza emocional, as névoas e nuvens escuras em que ele constantemente anda e as quais ele próprio criou".[7] Todo o reino das crenças e emoções do personagem – *sua vida interior pessoal cotidiana* – deve ser transcendido (o plano astral/emocional é também o plano do *investimento na crença*).[8] As cinco coisas que aparentemente ocorrem no que diz respeito à segunda iniciação são:

1. O centro do coração/buddhi se abre.

2. A capacidade de sentir o corpo emocional não funciona, mas saber que ele é meu, sim. Há uma substituição pela certeza de que ele é um veículo da alma. O homem agora sabe que seu corpo emocional não é real (o plano emocional também não é senão um sonho), portanto tem de

se valer da noção do eu da personalidade desenvolvido num momento ainda mais tardio (que é como pensador). O homem agora "vive" em seu corpo mental inferior.

3. A alma (como a natureza da sabedoria do amor) é conhecida.

4. Não há tanto uma mudança de visão de mundo novamente quanto a mudança de um apego a uma linguagem que expressa o universo da Mente Universal (que o primeiro iniciado sabe que é) para uma "posição" que está além de qualquer linguagem desse tipo.

5. A construção do Corpo Causal avança ainda mais.

O ESTADO DUALÍSTICO MÍSTICO

O Estado Dualístico Místico (EDM) é "a experiência de uma quietude interior permanente, mesmo quando se está entretido em pensamento e atividade – o indivíduo permanece consciente, ao mesmo tempo, da própria percepção e de seus pensamentos, sensações e atos", diz Forman.[9] O Estado Dualístico Místico sucede à fase de ECPs ocasionais na sequência natural do desenvolvimento (e a obtenção do "dualismo essencial do místico" era o objetivo das escolas esotéricas do *passado* – aquelas que se atrelavam às principais religiões, como afirma Mary Bailey[10]). O efeito da vida no EDM é "agir com correção", pois o desprendimento pessoal permite que as reconhecidas qualidades espirituais da compaixão, da compreensão e da sabedoria – em resumo, as qualidades do "coração" – fluam mais livremente.

O trabalho de desidentificação da segunda iniciação envolve a discriminação entre o real e o irreal. Forman se refere a uma citação do Mestre Eckhart: "Quando tem o mais nobre objetivo, o coração desprendido deve aspirar ao Nada".[11] Poderíamos equiparar esse "Nada" ao genuinamente transpessoal/transreligioso e entender o Estado Dualístico Místico *estável* como um feito do segundo iniciado – aquele que "se colocou acima" do plano emocional. (Em *The Six Keys of Eudoxus*, a segunda Chave da obra é a dissolução no "grande mar dos Sábios".[12]) De acordo com Forman, o EDM parece evoluir naturalmente para outro estado, conhecido como "sensação oceânica peculiar". Aqui a noção do eu "parece expandir-se quase fisicamente, estendendo-se além dos limites sensíveis das referências físicas usuais".[13] Do ponto de vista esotérico, isso estaria relacionado à primeira experiência que o indivíduo tem de si mesmo como Mônada ou *vida planetária.*

A TERCEIRA INICIAÇÃO

O indivíduo deve desenvolver um desprendimento em relação *ao todo* da personalidade. O segundo iniciado pode ter se superado como ser emocional, mas agora precisa se superar como pensador – aquilo que poderíamos chamar de eu cartesiano ("Penso, logo existo"). A nova noção exigida é a de ser a alma, com o veículo da personalidade pronto para ser totalmente utilizado de maneira criadora e redentora. O estágio anterior viu a pessoa *tornar-se* a alma no pensamento-semente. Há um período de transição entre esse estágio e o seguinte, no qual toda necessidade de pensamentos-seminais desaparece – de acordo com Bailey, a pessoa então entra no estágio da *Contemplação* propriamente dito. O indivíduo é indubitavelmente a alma – e não a personalidade – que está meditando agora. Conforme Steiner, os exercícios *para* o terceiro estágio, o da *Intuição*, exigem do discípulo que faça "desaparecer da consciência não apenas os quadros a cuja contemplação se entregou para poder chegar à cognição Imaginativa, mas também a própria atividade anímica que praticou para a conquista da Inspiração".[14]

"A etapa seguinte [depois da segunda iniciação] destina-se a possibilitar que a alma tome da personalidade o controle sobre a vida do homem", afirmou Besant. A personalidade é a "soma das tendências herdadas", ao passo que a alma é "a 'filha do sol' [que cresce] para tornar-se o futuro homem anímico ou Filho de Deus".[15] Bailey diz que o terceiro iniciado sabe que "os três mundos [físico, emocional e mental inferior] de nada valerão para ele no futuro, servindo apenas como uma esfera para a atividade do serviço".[16] Zachary Lansdowne afirma que o período anterior à terceira iniciação consiste em transcender a mente inferior e "polarizar-se temporariamente no reino do pensamento abstrato, ou alma".[17] Niels

Bronsted diz que, na terceira iniciação, "O homem torna-se um 'bom aprendiz' [...], a alma assume controle sobre o intelecto, e [...] o ponto de vista pessoal é inteiramente abandonado".[18] E Arthur Edward Waite referiu-se a esse estágio como "transfiguração da mente". Ele diz: "Em seu mais alto grau de desenvolvimento, já existe a consciência daquele contato entre o indivíduo e a Mente Universal [uma alusão à consciência planetária], que é uma prelibação da união mística".[19] As quatro coisas que aparentemente ocorrem com relação à terceira iniciação são:

1. O centro da fronte/atma se abre. O mesmo ocorre com o centro da coroa/Mônada.

2. A capacidade de sentir o corpo mental inferior, o "eu", não funciona, mas saber que ele é meu, sim. Há uma substituição pela certeza de que ele é um veículo da alma A personalidade *por inteiro* torna-se então um veículo da alma. O homem sabe que o corpo do seu eu não é real, portanto tem de se valer da noção do eu que veio construindo até esse instante – eis aí o Corpo Causal. O homem agora "vive" nele.

3. A alma (como a natureza da vontade) é conhecida, e o mesmo se passa com o espírito (como seu terceiro aspecto). Vera Stanley Alder diz que a terceira iniciação é o momento em que o indivíduo muda: deixa de ser o místico para se tornar o ocultista. Com relação à experiência da Mônada, ela afirma: "a partir desse momento, o Iniciado é um homem iluminado. *Ele sabe*".[20] C. W. Leadbeater diz que, quando o candidato chega ao fim da segunda iniciação, "ele está pronto para a terceira iniciação, para se tornar o *Anagamin*, que literalmente significa 'aquele que não volta', pois dele se espera que chegue à Iniciação seguinte na mesma encarnação".[21] Certamente não há como voltar quando se *sabe* o que o discípulo sabe agora. Leadbeater prossegue: "O nome hindu para esse estágio é *Hamsa*, que significa cisne, mas a palavra é também considerada uma forma da sentença *So-ham*, 'Eu sou Aquilo'". Isso estaria relacionado à experiência da Mônada: a experiência que o indivíduo tem de Deus olhando para Si Mesmo por trás dos olhos dele. Leadbeater afirma ainda que na terceira iniciação "o corpo causal está especialmente desenvolvido. O ego [alma] é posto em contato mais estreito com a Mônada, sendo assim transfigurado na verdade mesma".[22] Dizem que a ciência termina onde a filosofia começa, que a filosofia termina onde o misticismo começa e que o misticismo termina onde o

ocultismo começa. O que existia antes do *Big Bang*? Nada, dirá um, porque tudo que era preciso para que houvesse uma explosão assim estava contido no *Big Bang*. Claro, dirá outro, porque foi assim que Deus fez. Então, a ciência termina onde a filosofia – aquilo em que optamos por acreditar – começa. A filosofia termina onde o misticismo (prática mística) começa; depois dele admite-se que o "inseto do intelecto simplesmente não pode penetrar na Realidade", para usarmos a expressão de Allan Combs.[23] E, até a terceira iniciação, o homem não *conhece* seu Deus. Assim, o misticismo termina onde começa o ocultismo (e, aqui, "oculto" refere-se a sobrenatural, no sentido de *um tipo superior de natural*).

4. O Corpo Causal (referido no item 2) foi completamente construído.

O Corpo Causal é a Pedra Filosofal do alquimista e, mudando o simbolismo, se ele tivesse começado com chumbo ou sal, agora teria prata ou mercúrio. Quando chegamos à terceira Chave de Eudoxo, lemos acerca de *dois* mercúrios, o branco e o vermelho. O segundo relaciona-se ao Espírito/Mônada, que agora "entra no homem vindo de cima". Que fique claro: o que temos agora é a alma "comum" e uma alma marcada pela Mônada. Chumbo/sal/corpo, prata/mercúrio/alma, ouro/enxofre/espírito… "O aparecimento do ouro, que marca o início da 'obra vermelha', implica a intervenção direta de uma força transcendente", diz Maurice Aniane.[24] O aparecimento do espírito abre um mundo todo novo, diz Marsílio Ficino: "Quando a pedra tiver chegado à primeira alvura, haverá outro mundo muito mais excelente que o anterior, onde o *espírito* permanecerá no meio".[25]

O que os cabalistas chamam de período de Nutrição termina aqui (relembramos a tríade anímica de Tiphereth, Geburah e Chesed, que se igualam em importância ao que para os teosofistas é Manas, Buddhi e Atma). Até aqui a jornada tirou o cabalista do mundo de Assiah e o levou de fato ao de Yetzirah. Agora tem início o período da Maturidade e, com efeito, o mundo de Briah (que é o mundo da experiência que vem a seguir) é o mundo da experiência dos Anciãos da Casa de Israel (a Loja). O homem agora *sabe*, diz Alder; portanto, podemos dizer que o cabalista agora pode entrar nessa casa e, no mínimo, sentar-se na mesma sala que os Anciãos. O homem precisa superar (e, a essa altura, terá em grande medida superado) suas naturezas vegetal, animal e egotística, afirma Halevi. O fruto do trabalho até esse momento é que "o homem será alçado […] até lá a fim de ver o descenso da Presença. Em absoluto silêncio e imobilidade […] ele verá a face de seu Criador oculto".[26]

O ESTADO UNITIVO MÍSTICO

De acordo com Forman, o Estado Unitivo Místico (EUM) é a sensação de união com a realidade externa (a realidade que vemos, encarando-nos frente a frente, quando o véu é levantado). Ao relatar uma experiência da idealista alemã Malwida von Meysenburg,[27] ele diz: "É como se as membranas daquele eu que ela conhecia se tivessem tornado semipermeáveis, e ela fluiu em, com ou talvez através de seu ambiente".[28] Forman prossegue, passando a discorrer sobre como a experiência de ser da mesma "matéria" do mundo pode ter natureza transitória ou permanente. Na verdade, só deveríamos falar de um *Estado* Unitivo Místico em relação à segunda possibilidade. Na Teosofia, a Mônada é vivenciada pela primeira vez na terceira iniciação. Bailey refere-se a isso como sendo a experiência do *terceiro* aspecto da Mônada, sendo o segundo aspecto vivenciado na quarta iniciação e o primeiro, na quinta iniciação.[29] Então, consciência plena, isto é, consciência Monádica permanente (o Estado Unitivo Místico propriamente dito) só se verifica depois de cinco iniciações, assim como consciência anímica plena só existe/existia depois de três iniciações.

8 A quarta e a quinta iniciações

A QUARTA INICIAÇÃO

> A jornada iniciatória leva para "longe da trilha batida dos seres humanos", para o que pode parecer às vezes isolamento e escuridão insuportáveis. Porém, essa jornada por fim nos traz de volta exatamente para o lugar em que começamos. Nela não se encontra nada de novo que já não estivesse presente o tempo todo.
>
> Peter Kingsley[1]

Quando uma pessoa aprende a concentrar-se – e, assim, se prepara para a concentração contínua – e mantém a concentração – e, assim, aprende a transferir sua identidade para a alma – e pratica a contemplação – e, assim, aprende a viver como a alma –, um novo estágio é atingido: de acordo com Bailey, esse é o estágio da *Iluminação*, no qual tudo que resta de um ego pessoal precisa ser – e é – eliminado. Trata-se do estágio da "crucificação mística". Feito isso (que parece ser o supremo sacrifício), a pessoa finalmente se liberta para então viver uma vida de inspiração divina (*Inspiração*: o estágio final), em que "inspiração" significa tanto inspirar (absorver por meio da cognição) a única vida quanto expirar (em pensamento, sentimento e atividade inspirados) a mesma única vida. Essa é a meta para a evolução do indivíduo e da humanidade e, a partir desse êxito, tudo se revela como tendo sido mais metamórfico que educacional, no sentido de que é a alma – e não a pessoa – que agora é creditada como o sujeito que sofreu o processo.

Com a quarta iniciação começa uma nova série de desdobramentos interiores – ou seja, não apenas o estudo, a aspiração e o viver a vida continuam nos estágios futuros, mas com esse grau algo novo ocorre. A partir desse momento, o iniciante começa a perder a essência humana pessoal e a fundir-se à divindade, isto é, segue-se o início da perda do meramente humano e o começo da entrada no estado divino.

G. de Purucker[2]

O aspirante à quarta iniciação precisa depor "até mesmo sua personalidade aperfeiçoada [isso refere-se ao terceiro iniciado] no altar do sacrifício e destituir-se de tudo", diz Bailey.[3] Para entender isso, devemos lembrar-nos de que consciência Monádica é consciência *compartilhada*. Para ter essa consciência *permanentemente*, é preciso abandonar a qualidade mais persistente e definidora da condição humana: o egocentrismo. Enquanto ele perdurar, mesmo numa "personalidade aperfeiçoada", a união não poderá ser atingida. O terceiro iniciado (e o cabalista nutrido) terá dominado o ego, mas isso não é o bastante. O indivíduo tem de passar por uma "morte" em que, como observa Jenny Wade, "desejo, apego e interesse pessoal morrem quando todo o egoísmo é extinto".[4] Só após essa morte é que ele pode alcançar plenamente o "estado potencial e verdadeiro de todos os seres humanos".[5] Para se superar completamente, é preciso destruir também o Corpo Causal, ou a noção do eu como alma (noção essa que ainda pode gerar orgulho, arrogância etc.). "A quarta iniciação significa a destruição do corpo causal", afirma Bakula.[6]

Laborem as Mãos ou a Cabeça, teu Coração deve repousar em Deus. Deus é Espírito; vive no Espírito, obra no Espírito, reza no Espírito e tudo faz no Espírito, pois lembra-te que tu também és Espírito e, desse modo, foste criado à Imagem de Deus. Portanto, cuida para que teu Desejo não atraia para ti *Matéria*, mas, tanto quanto possível, abstrai-te de toda Matéria que seja; e assim, colocado no Centro, apresenta-te diante de Deus como um Espírito vazio, nu, com Simplicidade e Pureza; e estejas certo de que teu Espírito nada atraia senão Espírito.

Jacob Boehme[7]

O quarto estágio da obra alquímica, diz Titus Burckhardt, é a "nova criação" (a Obra do Amanhecer) que, todavia, "ainda não é perfeita, pois o sol espiritual [a alma] [...] ainda está preso à cruz dos elementos [o Quaternário ou homem inferior quadrúplice dos teosofistas]".[8] Há uma necessidade daquilo que o yogue entende como *para vairagya* ou "desprendimento absoluto". Ou seja, desprendimento em relação a sua vida física, emocional e mental – o que inclui necessariamente o desprendimento pela obra que o indivíduo realiza no mundo como figura espiritual. Precisamos "superar-nos" *como almas* – certificando-nos, como diz Boehme, de não atrair nada senão Espírito. "A última e mais nobre despedida do homem é deixar Deus por Deus", disse Mestre Eckhart.[9] Essa é a verdadeira "Noite Escura da Alma". A noção do eu como alma precisa morrer, e isso refere-se ao "me", por exemplo, nas seguintes palavras de Jesus: "Meu Deus, por que *me* abandonastes?" Esse desprendimento possibilita o maior *apego* ao estado búdico, ou estado de sabedoria-êxtase.

A noite escura da alma

Em sua clássica obra *Mysticism: A Study in the Nature and Development of Spiritual Consciousness* (1911), Evelyn Underhill afirma que, quando estão no estágio da Noite Escura da Alma, "tudo parece 'dar errado" para os místicos. Eles veem-se atormentados por maus pensamentos e súbitas tentações" – uma acrasia generalizada parece abater-se sobre eles, fazendo-os "perder a compreensão não só de seus interesses espirituais, mas também de seus assuntos terrenos". Além disso, a "saúde dos que estão passando por essa fase geralmente sofre, eles ficam 'esquisitos' e os amigos os abandonam; sua vida intelectual entra em baixa. Em suas próprias palavras, abundam 'tribulações de toda espécie', 'cruzes exteriores e interiores'".[10] Ao que parece, o mundo julga esses místicos repulsivos: é como se eles tivessem de ser completamente descompostos, humilhados, para poder ser completamente remodelados nas linhas desejadas.

Na verdade, existem três mortes – ou três em uma –, que se relacionam aos eus físico, emocional e mental. Para o indivíduo que vive a maior parte do tempo no mundo mental (o mundo do pensamento), talvez essa seja a morte mais difícil. Até aqui, o indivíduo teria tido uma vida "espiritual e intelectual" muito rica e cheia, mas agora deve residir principalmente no nível búdico, que está tão acima do mental quanto o nível mental, está acima do emocional. Além disso, um efeito associado é que o indivíduo se sentirá só pelo fato de estar agora numa "sintonia" completamente diferente daquela em que está a maioria de seus pares. Esse é o divisor de águas da terceira iniciação e certamente, por ser uma linha divisória, da subsequente ascensão a um centro espiritual de conhecimento. Porém, a maioria das pessoas provavelmente acharia a morte emocional a mais difícil, já que a natureza búdica vai substituir a natureza sensível comum enquanto, bem, natureza sensível comum. Exige-se um "artigo acabado" na/da pessoa do discípulo. Como dissemos anteriormente – e de particular interesse agora –, o discípulo tem de substituir sua vontade pessoal pela vontade divina, de modo que sua vida no mundo seja o mais distante possível do modelo idealizado. No geral, o sofrimento de que o indivíduo padece (tanto interior quanto exteriormente, na "atmosfera hostil" que, de acordo com a descrição de Underhill, cerca o místico) é causado pelo fato de ele já não ser ele mesmo – e aqui "ele mesmo" é pura alma além da "alma do eu".

No livro *The Soul and Its Destiny* (2004), John Nash fala do "Templo da Aprendizagem", o Templo em que entramos na primeira iniciação (ou talvez logo antes dela) e onde continuamos estudando até depois da segunda iniciação. Então passamos ao "Templo da Sabedoria", e nossa formatura aí é a meta final do Raja-Yoga (a quinta iniciação). Nossa permanência no Templo da Sabedoria inclui o período que vai da terceira à quarta iniciação e, depois da terceira iniciação, "a alma realiza então uma espécie de aprendizagem":[11] aprendemos a Arte Hermética e nela somos testados. E, "se há uma coisa que pode preparar o indivíduo para a renúncia à natureza inferior na quarta iniciação, são as muitas pequenas renúncias feitas no curso normal da disciplina espiritual".[12] Ele deixa claro, porém, que a escala é muito diferente quando se trata da quarta iniciação.

"Seria fácil imaginar que os exercícios para o treinamento espiritual são algo à parte, que nada tem que ver com o desenvolvimento moral", diz Steiner.[13] Mas se, por um lado, é verdade que o treinamento espiritual não é treinamento moral *ipso facto*, sem o trabalho de purificação moral há riscos tanto para si quanto para os outros. A falta de força moral impossibilita a derrota da vaidade, que pode crescer de tal modo quando se aproxima o fim do Caminho – trazendo consigo a "verdadeira experiência do Espírito", como de fato traz[14] – que se torna uma força contra a qual se deve lutar. Waite refere-se à quarta iniciação como o grande sacrifício – a "completa imobilização do eu e entrega incondicional às mãos de Deus".[15] E Vera Stanley Alder, em consonância com tudo o que foi dito, afirma que "a quarta iniciação só pode ser finalmente alcançada por meio de total sacrifício e extremo sofrimento".[16]

Porém ela não é só dor – e Nash, como Bailey, prefere chamar a quarta iniciação de *Renúncia*. Aquilo a que se renuncia ou que se abandona não é – vê-se – o que nos é mais caro, mas sim o que mais inibe. Segundo Purucker, "Não devemos pensar que, como as palavras renúncia e sacrifício são usadas com frequência, isso implica a perda de algo de valor. Ao contrário; em vez de uma perda, o que se tem é um ganho indescritível".[17] Desistir de coisas que nos diminuem e nos tornam vis, mesquinhos e tacanhos "é abandonar nossos grilhões e assumir a liberdade, a riqueza da vida interior e, acima de tudo, reconhecer com conscienciosidade nossa unidade essencial com o Todo".[18] A Noite por fim dá lugar ao Amanhecer, a tristeza é substituída pelo júbilo, uma sensação inefável inadequadamente chamada de "compaixão" irrompe na percepção: depois da quarta iniciação, a pessoa "se instala para sempre no plano da unidade – o plano búdico – em sua consciência da vigília", diz Besant.[19] Aqui a paz é abundante e, depois da quarta iniciação, o indivíduo "cessa de criar karma nos três mundos para começar a livrar-se dele – ou, literalmente, a 'liquidar seus assuntos'", afirma Bailey.[20] A quarta iniciação é o *estabelecimento* da percepção oculta e, com isso, o indivíduo pode encarregar-se de grandes trabalhos e de ensinar a muitos alunos, diz Bailey.[21]

A primeira iniciação é a experiência do primeiro aspecto da alma (consciência criadora) ou o nascimento na autopercepção de uma verdadeira identidade anímica (como ocorre no ECP). A segunda iniciação é a experiência do segundo aspecto da alma (poderíamos dizer: sua essência como equanimidade transpessoal e sabedoria transreligiosa) ou o estabelecimento na autopercepção de identidade anímica (lado a lado com a percepção do personagem comum, como no EDM). A terceira iniciação é a experiência do terceiro aspecto da alma, que está relacionado à "Vontade do Pai". Além disso, há a experiência do primeiro aspecto "Dele" (como espírito criador) ou o nascimento na autopercepção de uma verdadeira identidade espiritual. A quarta iniciação é a experiência do segundo aspecto de Deus (poderíamos dizer: *Sua* quididade, que, de acordo com a maioria das religiões, é o *Amor* supremo) ou o estabelecimento na autopercepção da identidade espiritual. A quinta iniciação (abordada a seguir) é a experiência do terceiro aspecto de Deus, que está relacionado ao desígnio planetário. Há uma "simetria" nessa iniciatologia sobre a qual vale a pena refletir:

Desenvolvimento pessoal:	*Da personalidade à alma:*
Eu sou aquele que percebe (nível físico)	Eu não sou aquele que percebe
Eu sou aquele que sente (nível emocional)	Eu não sou aquele que sente
Eu sou aquele que pensa (nível mental inferior)	Eu não sou aquele que pensa

Iniciações 1-3:	*Iniciações 3-5:*
Primeiro aspecto da alma	Primeiro aspecto do espírito
Segundo aspecto da alma	Segundo aspecto do espírito
Terceiro aspecto da alma	Terceiro aspecto do espírito

A QUINTA INICIAÇÃO

[A quinta iniciação] é a unificação do ego com a Mônada; quando isso é alcançado, o homem atingiu o objetivo do seu descenso à matéria – ele se tornou o Super-homem, ou Adepto. Só agora, pela primeira vez, ele entra em sua vida real, pois todo esse estupendo processo de evolução (através de todos os reinos inferiores e, depois, do reino humano até a consecução do Adeptismo) não é senão uma preparação para a verdadeira vida do Espírito, que só começa quando o homem se torna mais que homem.

C. W. Leadbeater[22]

O objetivo da iniciação é aliar o ser humano aos deuses, o que tem início quando o neófito se une a seu próprio deus interior. Isso significa não apenas que haverá uma aliança com as divindades, mas também que, se tiver êxito, o iniciante – o aprendiz – deixará atrás de si véu após véu: primeiro, do universo material e, depois, dos outros universos que existem no universo fisiomaterial, sendo que cada novo véu deixado para trás representa a entrada num mistério maior. Em resumo, trata-se de tornar-se conscienciosamente uno com o universo espiritual-divino; de expandir a consciência para que, de meramente humana, ela ganhe alcances cósmicos. [...] Em seus estágios superiores, o processo traz consigo poderes e um desabrochar da consciência que são divinos, mas também implica chamar a si responsabilidades divinas.

G. de Purucker[23]

O quarto iniciado é como um homem que está emigrando, que já passou por todas as dúvidas (isso se refere ao caminho que conduz à terceira iniciação) e sofrimentos por partir e dizer adeus aos demais (isso se refere à quarta iniciação), e agora olha para o futuro, ansiando por instalar-se em seu novo lar – em *Superbia*, diria o hermetista. Porém ele ainda não chegou lá nem se instalou, ao passo que o quinto iniciado, *sim*. O cabalista antes podia entrar na Casa e ficar na mesma sala que os Anciãos – só que provavelmente se sentaria apenas a uma mesa secundária. Agora ele *é* um Ancião. Em *The Supersensual Life*, o Mestre escreve (usando a linguagem alquímica da época de Boehme) que, ao fim do Caminho, "Tua luz irromperá como a manhã e, depois de extinta sua vermelhidão, o próprio Sol, a quem esperavas, se levantará [totalmente] e irá até ti e, sob Suas asas que a tudo curam, tu te rejubilarás enormemente; ascendendo e descendendo em Seus raios brilhantes e salutares. Eis aí a verdadeira razão suprassensível da vida".[24] No vocabulário teosófico, o quinto iniciado vive no corpo átmico – "Na quinta iniciação ele ascende […] ao quinto plano [o átmico]", diz Bailey[25] –, assim como o quarto iniciado vive no corpo búdico. Na franco-maçonaria esotérica, ele se torna um "aprendiz ingressado" depois das "quatro iniciações do Limiar". Seu interesse pelos seres humanos e inferiores (e sua evolução) deixa de ser "pessoal" para tornar-se, de certa maneira, *profissional*. Diz Bailey:

> Os homens tendem a pensar que todo o processo evolucionário […] é simplesmente um meio pelo qual podem atingir a perfeição e desenvolver formas melhores de manifestar essa perfeição. Porém, em última análise, o progresso humano é puramente relativo e incidental. O fator de suprema importância é a capacidade que detém o Logos planetário de levar a termo Sua intenção primária e consumar plenamente Seu "projeto", cumprindo assim a tarefa a Ele delegada por Seu grande superior, o Logos Solar.[26]

Segundo consta, há uma cadeia de ensinamentos que constitui a transmissão histórica do báculo da Sabedoria: essa seria a verdadeira tradição "apostólica". Depois há outra cadeia desse tipo: os quintos iniciados, que são os Eleitos e trabalham em nome de uma "causa maior" (ver acima), ensinam aos quartos iniciados. Estes, por sua vez, na qualidade de quase Adeptos ("quase" porque, como meros *arhats*, eles ainda estão um tanto presos aos três mundos), ensinam aos terceiros iniciados. (Na Teosofia moderna, os quartos iniciados são *Arhats*, e os sextos iniciados são *Chohans*.) Os terceiros iniciados, que são pessoas de visão, integridade e sabedoria (mas ainda suscetíveis ao jugo do eu, já que ainda são aprendizes), ensinam aos iniciados menos avançados e aos não iniciados – ou seja, todos aqueles que ainda vão viver por si a experiência do Espírito e, assim, conhecer indubitavelmente sua unidade com Deus. Nossa finalidade e destino é conscientizar-nos *da* vida desse ser maior em que vivemos, nos movemos e temos o nosso ser e, por meio desse foco de identidade, participar de maneira criadora e redentora *na* vida desse ser.

A vida unitiva

O quinto iniciado tem, na linguagem do budismo, consciência Nirvânica. Até certo ponto, essa consciência transcende as preocupações terrenas, mas Besant afirma: "Perdeu a terra seu rebento; está a humanidade privada de seu filho triunfante? Não! Agora Sua face está voltada para a terra, Seus olhos brilham com a compaixão mais divina pelos errantes filhos dos homens. [...] Mestre da Sabedoria, Ele retorna à terra para abençoar e guiar a humanidade".[27] E Underhill fala do estágio místico final (a Vida Unitiva): "Se a lei de nossos corpos é 'da terra à terra', por mais curioso que pareça, assim também é a lei de nossa alma. Tendo, por fim, atingido a plena consciência da realidade, o espírito do homem completa o círculo da Existência e retorna para fertilizar os níveis de existência de onde proveio".[28] O eu passa a ser parte do "Corpo místico de Deus" (em referência à consciência do corpo de nosso Homem Planetário) e se estabelece como "uma força pela vida, um centro de energia, um verdadeiro pai da vitalidade espiritual em outros homens".[29]

FIGURA 7: GNOSIOLOGIA COMPARADA

Corpo/Alma/Espírito:
Hyle-Psique-Pneuma (Gnosticismo)
Círculo-Linha-Ponto (Hermetismo)
Nefesh-Ruach-Neshamah (Cabala)
Personalidade-Alma-Mônada (Teosofia Moderna)
Sal/Chumbo-Mercúrio/Prata-Enxofre/Ouro (Alquimia)

Sete Princípios:
Lua-Mercúrio-Vênus-Sol-Marte-Júpiter-Saturno
(Mistérios Arcaicos)
Etérico-Emocional-Mental Inferior-Mental Superior-Búdico-Átmico-A Mônada (Teosofia Moderna)
Jesod-Hod-Netsah-Tiphereth-Geburah-Chesed-Binah
(Cabala)

Sem Princípios:	Terra (Mistérios Arcaicos); Físico (Teosofia Moderna); Malkulth (Cabala)
Da Personalidade à Alma:	Iniciações 1-3 e, por sua vez, abertura dos centros Manásico, Búdico e Átmico/A Mônada (Teosofia Moderna) Do Negro ao Branco ou Obra da Noite (Alquimia) Período de Nutrição e de Assiah a Yetzirah (Cabala) Estágios da Concentração, Concentração Contínua e Contemplação (Bailey) Estágios da Cognição Imaginativa, Inspiração e Intuição (Steiner) Evento da Consciência Pura, Estado Dualístico Místico e Estado Unitivo Místico (Forman) Estágios Sutil Inferior, Sutil Superior e Causal Inferior (Wilber)
O acima exposto envolve:	Um trabalho de desidentificação e um trabalho de reidentificação (Teosofia Moderna); uma Putrefação e um Alvejamento (Alquimia)
Da Alma ao Espírito:	Iniciações 3-5 e iluminação relativa (Teosofia Moderna) Do Branco ao Vermelho ou Obra do Amanhecer (Alquimia) Período de Maturidade e de Yetzirah a Briah (Cabala) Estágios da Iluminação e Inspiração (Bailey) Estágios Causal Superior e Supremo (Wilber)
Depois do acima exposto:	Iniciações 5-7+ (Teosofia Moderna); do Vermelho à Púrpura ou Obra do Dia (Alquimia); de Briah a Atziluth + (Cabala)
A Primeira Iniciação:	Novo Nascimento (Boehme) Despertar da Consciência (Cabala)
Período anterior a isso:	Caminho Probatório (Teosofia Moderna); Gestação (Cabala); Purificação (Alquimia)

O Caminho:	Caminho da Iniciação (Teosofia Moderna) Caminho Suprassensível (Boehme) Obra da Carruagem ou Caminho da Cabala (Cabala) Grande Obra (Gnosticismo) Verdadeira Filosofia (Neoplatonismo) Estrada Real, Arte Hermética ou Obra Solar (Alquimia)
O Corpo da Alma (a construir/fazer):	Corpo Causal (Teosofia Moderna) Templo de Salomão (Franco-maçonaria Esotérica) Templo de Cristo (Boehme) Trono de Salomão (Cabala) Pedra Filosofal (Alquimia)
Matrimônio 1:	Do homem com a Rainha (Alquimia) Bodas do Cordeiro (Boehme) Da Personalidade com a Alma (Teosofia Moderna)
Matrimônio 2:	Da Rainha com o Rei (Alquimia); da Alma com o Espírito (Teosofia Moderna)
Homem Inferior:	O Quaternário: Físico-Etérico-Emocional-Mental Inferior (Teosofia Moderna) Malkulth-Jesod-Hod-Netsah (Cabala)
Menos o Sem Princípios: Homem Superior:	Etérico-Emocional-Mental Inferior (Teosofia Moderna); Jesod/Hod/Netsah (Cabala) O Ternário: Mental Superior-Búdico-Átmico (Teosofia Moderna) A Tríade Anímica: Tiphereth-Geburah-Chesed (Cabala)
A Oitava:	Ogdóada (Mistérios Arcaicos) Comunhão na consciência do corpo de nosso Homem Solar após sete iniciações (Teosofia Moderna) O fim pretendido da Estrada Real, quando se deixa o Planetário pelo Solar (Alquimia) Também relacionada a Chokmah (Cabala)

A Nona:	Enéada (Mistérios Arcaicos) Depois de oito iniciações (Teosofia Moderna) Também relacionada a Kether (Cabala)
A Décima:	Década (Mistérios Arcaicos) O Homem Perfeito depois de nove iniciações (Teosofia Moderna e Ocultismo Hermético) Deixar o Solar pelo Cósmico (Teosofia Moderna e Alquimia) Também relacionada a Ain Soph (Cabala)

9 As iniciações mais avançadas

A SEXTA INICIAÇÃO

Como se lê em *The Six Keys of Eudoxus*, a quinta Chave da obra alquímica (a obra que se coloca entre a quarta e a quinta iniciações) consiste em aperfeiçoar "nossa Pasta", o que inclui a "Fermentação da Pedra […] para com ela fazer o medicamento da Terceira ordem".[1] O "medicamento" aqui é a espiritualidade radiante do Adepto. "Doravante a silenciosa presença do alquimista é uma bênção para todos os seres. Ele é o rei secreto, o ser conscientemente central que associa céu e terra e garante a boa ordem das coisas", diz Maurice Aniane.[2] Marsílio Ficino afirma que o alquimista entra em outra vida num certo estágio da Obra, *porém* – é importante ressaltarmos –, " em outra vida em que haverá *ou* um eterno dia com os que estão acima *ou* uma eterna sombra com os que estão embaixo".[3] Isso está relacionado à sexta iniciação, que os teosofistas chamam de *Decisão*.

"Ao findar a quinta iniciação, a alma […] está identificada em consciência com a mônada", diz John Nash; a seguir vem o "Caminho da Evolução Superior".[4] Esse termo ele toma emprestado a Bailey, para quem a quinta iniciação envolve a revelação *de* um caminho superior (daí o nome dessa iniciação: a Revelação). Existe, evidentemente, um cosmos mais amplo para além do nosso planeta. Alder diz que o Adepto escolhe (tem o direito de escolher) se vai submeter-se às duas iniciações restantes dentro dos sete planos manifestados do nosso sistema solar. Ele pode "sacrificar-se para permanecer na terra e contribuir para o progresso da humanidade" ou "ir adiante, rumo a reinos de desenvolvimento fora deste planeta e fora até deste sistema solar".[5] Swami Rajarshi Muni também menciona essa "grande decisão": se assim quiser, o yogue libertado pode "voluntariamente abandonar seus envoltórios microcósmicos e ascender ao céu mais sublime, do qual jamais precisará retornar".[6]

O sexto iniciado é o Chohan – aquele que se descartou de "todos os envoltórios abaixo do veículo monádico, desde o átmico até o físico", diz Bailey.[7] A sexta iniciação "não é compulsória como as cinco anteriores",[8] e o Chohan "participa de desígnios *solares*, e não simplesmente planetários".[9] A sexta iniciação consiste em estabelecer "contato consciente com o Logos Solar".[10] Será que isso se refere à primeira experiência que o indivíduo tem de comunhão na consciência do corpo do nosso Homem Solar, depois de comungar na consciência do corpo do nosso Homem Planetário? Aparentemente, sim. Com isso, o cabalista vai do mundo de Briah ao de Atziluth.

Alhures na literatura teosófica, lemos acerca dos "sete caminhos" entre os quais um Mestre tem de escolher na sexta iniciação. Apenas um deles consiste em servir exclusiva e completamente a nossa vida planetária como membro da Loja. Leadbeater afirma que, "dentre os que alcançam o Adeptismo, relativamente poucos permanecem na terra como membros da Hierarquia Oculta".[11] A existência de outros caminhos pode ser compreendida se considerarmos os campos de consciência extraplanetária – e, portanto, *arenas de trabalho* – que se abrem depois da quinta iniciação. Leadbeater e Bailey escrevem sobre a organização dessa Loja/Hierarquia, cujos "administradores máximos" são sétimos (*Mahachohans*), oitavos ou nonos iniciados.

A SÉTIMA INICIAÇÃO

> O filósofo não observa as estrelas só com os telescópios dos homens, mas com a transcendência de suas faculdades interiores ele se eleva e é levado até a própria alma da estrela. [...] A alma que existe nele comunga com a alma que existe em seu mundo, e ambos compartilham de uma felicidade comum.
>
> Manly Hall[12]

No decorrer desse grande progresso, todo homem algum dia alcançará plena consciência no mais elevado dos nossos planos, o plano Divino, e simultaneamente se conscientizará em todos os níveis desse plano Cósmico da Prakriti, de modo que, tendo em Si o poder dos superiores, Ele ainda será capaz de compreender e agir nos inferiores e de ajudar onde for preciso. Essa onipotência e essa onipresença certamente nos esperam a cada um de nós, e embora possa não valer a pena por nada do que possamos ganhar para nós mesmos, esta vida inferior ainda merece muito ser suportada como estágio necessário para a verdadeira vida que jaz à nossa frente.

C. W. Leadbeater[13]

Na sétima iniciação, o indivíduo "entra na Chama" e "domina toda a esfera da matéria contida no plano cósmico mais baixo", diz Bailey.[14] A visão do sétimo iniciado começa a penetrar *além* do solar para ver "aquilo que ele há muito percebe como fato teórico básico, a saber, que nosso Logos Solar tem parte nos planos e desígnios de uma Existência ainda maior [nosso Parabrahman como Logos Cósmico]."[15] Blavatsky afirmou: "Cada um dos adeptos tem o seu Dhyani-Buddha, a sua 'Alma gêmea' mais velha, que ele conhece; chamando-a 'Alma-Pai' e 'Fogo-Pai'. Mas é só na última e suprema iniciação que ele se vê face a face com a sua brilhante 'Imagem' e aprende a reconhecê-la".[16] Esse seria o "espírito solar" acima do "espírito planetário" da Mônada.

Na fraseologia do antigo Egito, o sucesso na iniciação valia [...] o título de "Filhos do Sol". Nascido numa luz ainda mais forte, o ressurrecto erguia-se do altar de suas tribulações espirituais transfigurado pela glória solar.

W. T. S. Thackara[17]

Agrippa escreveu que o homem deve retornar à alma do Sol e tornar-se semelhante a ela. Ele escreveu também: "E quando ele tiver recebido a luz do grau supremo, sua alma atingirá a perfeição e se tornará semelhante aos espíritos do Sol".[18] Purucker afirma que o sétimo iniciado é aquele que finalmente encontrou o caminho de volta para o Sol, depois de desidentificar-se com todos os seus corpos (até a Mônada inclusive). "Por intermédio da iniciação", diz ele, "se você conseguir passar nos testes, seu espírito encontrará o caminho da Terra até o Sol, passando pela Lua e pelos planetas".[19] Essa última e suprema iniciação "compreende o encontro frente a frente com o próprio eu divino [supremo] e o tornar-se um com ele".[20] Dan Merkur refere-se ao último estágio mencionado por A. E. Waite como um ir "além do macrocosmo até a união com a terceira pessoa da Trindade cristã".[21] Isso poderia levar-nos de volta ao triângulo da representação gnóstica do cosmos.

A propósito da jornada de Akiba ben Joseph, Z'ev ben Shimon Halevi escreveu: "[ele] continuou sua ascensão, deixando abaixo de si o Mundo da Carruagem [o mesocosmo planetário]".[22] Akiba então entrou no lugar que é "às vezes percebido como nuvens ou uma vasta planície [...], também visto como a vasta superfície de um mar cósmico".[23] É desse lugar do Criador "que surgem, descem, ascendem e ressurgem todas as coisas criadas. O Ato da Criação se dá [...] no proferimento de uma palavra".[24] É a compreensão espiritual dessa palavra (ou Nome) "e o estado Divino que a acompanha que os cabalistas buscam enquanto ainda encarnados, a menos que desejem ir além e, assim, jamais retornar da completa união com a Coroa das Coroas".[25]

ALÉM DA SÉTIMA INICIAÇÃO

Cada etapa é marcada, durante seu curso anterior, pelo abandono de algo das imperfeições e grilhões pessoais que nos mantêm presos a esses reinos da matéria. Dizem-nos, com reiterada insistência, que a maior das regras da vida é fomentar em nosso próprio ser uma compaixão imorredoura por tudo que há, provocando assim a conquista do desprendimento, que, por sua vez, permite à mônada peregrina finalmente tornar-se o Eu do espírito cósmico sem que se perca a mônada de sua individualidade. No acima exposto jaz o segredo do progresso: para ser maior, é preciso tornar-se maior; *para tornar-se maior, é preciso abandonar o que é menor; para abarcar um sistema solar com a própria compreensão e vida,* é preciso renunciar, que significa superar e deixar para trás, os limites da personalidade, do meramente humano.

G. de Purucker[26]

A sétima iniciação não é – ou, talvez, não precisa ser – a iniciação final, o fim da Estrada Real. Purucker reconhece dez iniciações; Bailey e Leadbeater mencionam uma oitava e uma nona iniciações, que conduzem talvez (na linguagem dos Mistérios arcaicos), da Ogdóada à Enéada e, então, da Enéada ao Empíreo. Éliphas Lévi escreveu que o número nove era "o eremita [que é Hermes] do Tarô; *o número que se refere aos iniciados*".[27] O Empíreo é o "Décimo" – exatamente o mesmo número que os cabalistas consideram Ain Soph. A sétima iniciação nos leva a comungar da consciência do corpo de nosso Homem Solar. A oitava iniciação nos levaria a comungar (ou começar a comungar) de uma consciência que se estende para além: uma consciência trans-solar, ou trans-*nossa* consciência solar ou trans-nossa consciência do *corpo* solar.

> O desenvolvimento do ser humano não é senão a passagem de um estado de consciência a outro. [...] É a progressão da consciência polarizada na personalidade, eu inferior ou corpo, para aquela que está polarizada no eu superior, ego ou alma e, daí, para uma polarização na Mônada ou Espírito, até que a consciência, por fim, se torne Divina. À medida que o ser humano se desenvolve, a faculdade da percepção estende-se primeiramente para além dos muros que a confinam aos reinos inferiores da natureza (o mineral, o vegetal e o animal), em direção aos três mundos da personalidade em evolução, ao planeta em que ele desempenha seu papel, ao sistema no qual esse planeta gira, *até que finalmente foge ao próprio sistema solar e torna-se universal.*
>
> Alice Bailey[28]

Na Teosofia moderna, a oitava iniciação é às vezes chamada de *Transição* (portanto, há aqui uma liminaridade – até então, o indivíduo sem dúvida estava confinado aos sete planos manifestados do nosso sistema solar), e a nona iniciação é chamada de *Recusa*. Esta última é "uma repetição cósmica da experiência da Renúncia, dessa vez destituída do aspecto da crucificação", diz Bailey.[29] Observamos aí a palavra *cósmica*: na nona iniciação, o indivíduo "recusa o contato com o plano físico cósmico [...], a menos que tenha optado (na sexta iniciação, a Decisão) pelo Caminho do Serviço no Mundo".[30] Será que isso se refere à "devolução" de um veículo físico *cósmico*, de modo que o homem passe a residir então no plano *emocional cósmico*? Sabemos que um Homem Solar (num dos quais nós vivemos, nos movemos e temos o nosso ser) passa por iniciações relacionadas a planos cósmicos, e não a planos solares. Sua primeira iniciação, então, seria um ver através da ilusão do plano físico cósmico. Afinal, um Homem Solar é, a Seu próprio modo, apenas mais um "Sr. Baggins". Com a nona iniciação, "a unidade da consciência está [...] perfeita", diz Bailey.[31] Ele – ou isso – é então o "Homem Perfeito" (e Dez é o seu número), que "passa a uma obra análoga à do Logos Solar".[32] Ir além da sétima iniciação é ir além do nosso sistema cósmico, ao mundo de Adão Kadmon talvez, mas devemos lembrar que ainda estamos no mundo natural (embora, isso sim, outra espécie de mundo natural): o universo por trás do véu, o "Sempreterno".

> E então, desnudado de tudo que havia produzido a harmonia das [sete] esferas, não possuindo senão seu próprio poder, entra na natureza ogdoádica e com os Seres canta hinos ao Pai. Toda a assistência se rejubila com sua vinda; e ele, tornado semelhante a seus companheiros, ouve também as Potências que estão por cima da natureza ogdoádica entoarem em língua própria seus cânticos de louvor a Deus. E então, em ordem, sobem à casa do Pai, entregando-se às Potências e [assim], tornados Potências, entram em Deus. Este é o bem-aventurado fim daqueles que alcançaram o conhecimento: tornar-se um com Deus. E então, por que procrastinas? Agora que de mim tudo recebeste, não vais guiar aos dignos para que, por meio de ti, o gênero humano seja salvo por [teu] Deus?

De *Poimandres*[33]

"É apenas natural"

Quando estamos no alto de uma colina, digamos, e contemplamos a realidade, *antes* que nossa mente "se intrometa" e *nos diga* o que a realidade é (o que vivenciamos), *ali*, bem ali, está o próprio universo. Podemos sentir-nos parte de uma vida maior e somos – e há – exatamente isso, diz o esoterismo. Maior que o corpo do homem é o corpo da Terra. Maior que o corpo da Terra é o corpo do nosso sol/sistema solar. Maior que o corpo do nosso sol é o corpo de um "objeto" cósmico maior, e assim por diante. Maiores que a consciência/alma e *também* o espírito humanos – diz a Teosofia (e também o Tradicionalismo) – são a alma e o espírito da Terra. E maiores que a alma e o espírito da Terra são a alma e o espírito de "nosso" sol, e assim por diante. Aqui está o universo total e real de Frithjof Schuon, acrescido dos graus de percepção no espaço de Manly Hall, os quais são, ao mesmo tempo, a hierarquia de seres que experienciam de Huston Smith.

Trilhar o caminho espiritual não é uma busca louca nem perversa. Tampouco é "religiosa" *per se*, pois se une à Natureza, ao Cosmos, à Realidade. "Não esqueça que toda a sabedoria da cabala lida com tópicos espirituais, que não ocupam tempo nem espaço", disse Yehuda Ashlag.[34] Mas aqui "tempo" e "espaço" referem-se apenas ao tempo e ao espaço do *Personagem*, que são reais com uma realidade relativa, mas essa realidade relativa tem existência dentro e por causa da Realidade absoluta, o que implica que os tópicos espirituais, no fim, não são alheios aos tópicos temporais. E, embora a Realidade seja esotérica com relação à experiência ordinária (exotérica), o cabalista/esoterista em nenhum momento abandona o que é *normal* ou *natural* (ver "O desafio do novo mesmo universo" no Capítulo 13). Deixemos com Purucker a palavra final sobre a naturalidade, a experiência e o resultado do trilhar do Caminho:

> A condição do chela não tem nada de estranho, esquisito ou irregular. Se tivesse, ele não seria chela. Trata-se do caminho mais natural que podemos nos esforçar para seguir, pois aliando-nos ao que há de mais nobre dentro de nós, estaremos nos aliando às forças espirituais [e também naturais] que regem e controlam o universo. Há inspiração nessa ideia. A vida do neófito é uma vida muito bela, que vai gradualmente se tornando ainda mais bela à medida que o esquecimento de si mesmo nela assume um grau ainda maior. É também uma vida muito triste às vezes, e a tristeza surge de sua incapacidade de esquecer a si mesmo. Ele percebe que está muito, muito só; que seu coração anseia por companheirismo. Em outras palavras, sua parte humana deseja um apoio. Mas é justo a ausência dessas fraquezas que faz o mestre da vida: a capacidade de ser autôno-

mo, íntegro e forte em todas as circunstâncias. Porém, não pense jamais que os mahatmas [adeptos] são espécimes secos da humanidade, desprovidos de sentimentos ou de simpatia humana. O caso é o contrário. Há neles uma vida muito mais rápida que em nós, um fluxo vital muito mais pulsante; suas simpatias são tão magnificadas que não poderíamos sequer entendê-las, embora um dia o consigamos. Seu amor tudo abrange; eles são impessoais e, portanto, estão se tornando universais.[35]

PARTE TRÊS
VISÕES DE MUNDO EM MUTAÇÃO

10 Visões de mundo em mutação

A MENTALIDADE MODERNA

> A tragédia de nossa época é que o indivíduo comum aprende tarde demais que o conceito materialístico da vida falhou completamente em cada aspecto do viver.
>
> Manly Hall[1]

Guénon escreveu, na primeira metade do século XX, que a mentalidade moderna não é senão o produto de uma vasta sugestão coletiva. Essa sugestão é a de que este mundo do homem e da matéria – o que o "personagem comum" vê – é a única realidade. Portanto, ele poderia ter dito "a mentalidade moderna do público em geral", por oposição à *intelligentsia* (os teólogos, os filósofos – incluindo este último grupo os filósofos da natureza, ou pensadores científicos, que a história veria surgir). Talvez o público em geral tenda a simplesmente engolir o que a *intelligentsia* lhe diz, e isso então se torna sua representação interior da verdade. A história das ideias no Ocidente ao longo dos últimos séculos pode ser vista como a história da tentativa da *intelligentsia* de esclarecer uma cosmologia e ontologia da fé medieval cristã (Tradicional?). Há essa história e, concomitantemente, a história da separação entre a Igreja e o Estado e o controle deste sobre a instituição da Universidade e outras instituições sociais.

O *paradigma* que prevalecia na época de Guénon – e essa palavra originalmente significava "padrão", mas agora é normalmente usada como referência à visão intelectual das coisas que prevalece (numa disciplina ou em várias, e aqui ela é usada nesse último sentido) – foi chamado por alguns, numa visão retrospectiva, de paradigma cartesiano-newtoniano. No século XVII, a contemplação analítica do pai da filosofia moderna, René Descartes (1596-1650), o levou à visão de que há duas coisas inegavelmente reais: um eu humano central enquanto sujeito pensante (*res cogitans*) e um universo *res extensa* (ou o mundo "lá fora"). Para Isaac Newton (1642-1727), esse universo era constituído de átomos sólidos e regido pelo que agora se poderiam chamar de leis *naturais* (sem prefixos, ou simplesmente aceitando, nesse caso, o termo "divinas" como sinônimo de "naturais"). Seu *novo* universo conjunto, comumente aceito pela maioria dos pensadores, o era porque, independentemente de sua existência objetiva estimada (ele já não era um universo *em* Deus, embora para o pensador que frequentasse a igreja ainda fosse um universo feito *por* Deus), ele era, segundo Richard Tarnas, "compreensível em termos exclusivamente físicos e matemáticos" e "regido por leis naturais regulares".[2]

Eu aqui, o mundo lá – e Deus além de ambos (talvez)

Portanto, era possível manter um Deus que fosse o Criador original do universo, mas já não era necessário que Ele ainda estivesse envolvido nele. E certamente já não era necessário que nós olhássemos "para cima e para dentro" para ver *o que* realmente existia nem *como* funcionava essa "coisa" – uma coisa que agora era o *Isso*, por oposição ao *Isto* que éramos nós. O eu humano desde então tornou-se um problema filosófico: o problema "mente-corpo". Pela contemplação analítica, o eu não era a alma gnóstica (a palavra *psique* deixou de ser muito usada no sentido de qualquer coisa "superior" ao sujeito pensante comum) e também não "pertencia" ao universo objetivo, justamente porque era o observador dessa coisa. Enquanto os filósofos continuavam a lutar com o problema mente-corpo (para começar, aceitando que esse problema existia, eles não teriam sido reconhecidos como filósofos por seus predecessores neoplatônicos), houve um crescimento da prática científica e da crença na ciência – isto é, crença de que a ciência possuía ou viria a possuir, com o tempo, todas as respostas e, além disso, crença de que o *método* científico era o único que poderia determinar a verdade.

No decorrer do século XX, essa "realidade óbvia" do homem e da matéria – ou mente e corpo – passou a ser questionada *dentro* da Academia (para não falar dos esoteristas que, com sua visão da realidade como centelha divina, viam-se agindo em grande parte *fora* dela). Antes de mais nada, os cientistas descobriram que os átomos não eram sólidos; que, na verdade, seria difícil afirmar um componente *substancial* do universo que servisse de parâmetro. Em segundo lugar, desde Descartes crescia a suspeita entre os filósofos[3] (se é que ela não foi grande desde sempre) de que a mente enquanto sujeito pensante não era simplesmente o refletor passivo de um universo externo. Uma câmera poderia capturar o que estava lá fora "em si", mas seria a mente humana capaz de fazer o mesmo? Em vez disso, passou-se a aceitar consensualmente – e talvez de má vontade – que a mente era ativa e criativa no processo de percepção e cognição. "A questão era: d´isso que percebíamos, quanto era "dado" pela nossa mente e quanto "pertencia" propriamente a *Isso*? Será que nada do que sabíamos sobre *Isso* continha um elemento que pertencesse a *Isso*, inclusive sua própria *Ipseidade*?"

Eu aqui, o mundo... só na minha mente?

A CONDIÇÃO PÓS-MODERNA

Essa questão não era nova, mas o que surgiria como uma incerteza radical das coisas – pensada mundialmente, irreprimível filosoficamente e *sentida existencialmente* –, sim. A física já não podia tranquilizar-nos assegurando-nos de um dos dois óbvios (matéria/corpo). Depois, veio a "descoberta" do inconsciente e a divisão do eu (por Freud, por exemplo, em *id*, ego e superego). Para completar, os historiadores e antropólogos culturais começaram a sugerir que nossa mente poderia ser *inteiramente* o produto de nossas sociedades e períodos como um todo (*visão de mundo* era a expressão "da moda"). Além disso, os estruturalistas e outros filósofos nos disseram que todo pensamento humano se dá na linguagem.

Não haveria realidade além da linguagem – ou, se houvesse, nós não poderíamos conhecê-la: não podemos jamais "sair" da linguagem para alcançar o verdadeiro reflexo. Portanto, relativismo histórico-cultural e linguístico-conceitual. Da era cartesiano-newtoniana – cujos "eu"sujeito e Natureza-objeto fixos procurávamos conhecer cientificamente –, passávamos agora à era do fluxo psicológico e da realidade indeterminável, o que nos deixava como meta apenas o *diálogo*. A visão anterior (que ainda predomina no mundo do pensamento fora das humanidades) agora era "realismo ingênuo".

Aplicada ao estudo do misticismo, a convicção de que o pensamento humano não pode escapar à força gravitacional da linguagem se torna a visão "construtivista",[4] a saber, a visão de que aquilo que um místico experimenta não passa dos conceitos e crenças religiosas – seu "conjunto de fórmulas" – que ele leva para a mesa da experiência. Isso equivale a dizer que aquilo que ele havia interiorizado anteriormente torna-se (é projetado para fora como) o "Deus" que ele depois vivencia em sua prática "espiritual". Porém, essa condição de prisão na linguagem aplica-se apenas ao intelecto discursivo, diz o esoterismo (para não mencionar a falácia da implicação de uma relação causal na sucessão temporal – *post hoc ergo propter hoc* – na alegação de que o contexto religioso causa o conteúdo da experiência mística). O Intelecto Divino, desenvolvido por meio do conhecimento, "nunca opera no interior dos estreitos limites da linguagem", afirma Besant.[5] Assim, a convicção construtivista só revela o "subdesenvolvimento" da pessoa que a possui. Não há como fugir à realidade da prática mística nem à sua necessidade. "Serão tais práticas o 'outro' da filosofia, temidas e ridicularizadas porque põem em questão a única razão que a filosofia conhece?", perguntou David Loy.[6]

O termo *pós-modernismo* tem sido usado para referência a um movimento artístico que se afasta da coerência, do sentido e da "essência da arte". Ele tem sido usado também para referência a um estilo em arquitetura. E, provocando muito debate, tem sido usado também para referência a uma mudança intelectual generalizada na direção do niilismo, diriam alguns, e certamente do *pluralismo*. O pós-modernista, nesse último sentido, aceita "a impossibilidade de apreender uma ordem cósmica objetiva com a inteligência humana [comum]", diz Richard Tarnas e, por isso, a "pretensão de alguma forma de onisciência – filosófica, religiosa, científica – tem de ser abandonada".[7] Huston Smith identifica um pós-modernismo *minimalista*, que se contenta em mostrar que hoje em dia não temos uma cosmovisão consensual, um pós-modernismo *predominante*, que acrescenta: "e jamais teremos novamente", e um pós-modernismo *radical*, que exclama: "bons ventos a levem!", pois as cosmovisões "totalizam" ao "marginalizar" os pontos de vista das minorias.[8] Jean-François Lyotard falou da *condição* pós-moderna como "crise de legitimação" causada pelo "colapso da metanarrativa" – tudo que vemos agora são as ficções ou "narrativas grandiosas" que nos contávamos/contamos. J. J. Clarke entende que há *algum tipo* de paradigma pós-moderno hoje, cuja existência como visão de mundo consensual podemos tentar negar, mas que está presente *na* "rejeição de narrativas grandiosas, visões de mundo totalizantes e bases absolutas".[9]

Porém esse paradigma é *ele próprio* uma visão de mundo totalizante. Assim, há um grande problema *filosófico* (existem apenas alegações que pretendem ser verdade, mas essa alegação – de que existem apenas alegações que pretendem ser verdade – não é apenas uma alegação que pretende ser verdade; ela é verdadeira), mas também um problema *social* com o pós-modernismo ou a condição pós-moderna. Ele leva à abertura para o "Outro" (outra voz, pessoa, cultura, visão de mundo) e, portanto, à aceitação da humanidade. Mas, como o eu já não é (não se destina a ser) aceito enquanto relacionado de modo *significativo* a outras pessoas (para não mencionar outras criaturas, a vida, Deus ou a Natureza) de nenhuma maneira fixa e final, o pós-modernismo *permite* uma ideologia social de "egoísmo esclarecido". E se acrescentarmos uma identidade central a essa lista, ele também *engendra* um consumismo desvairado. Portanto, a humanidade aceita não é uma humanidade *nobre* (nem mesmo necessariamente *valiosa*). O pós-modernismo levanta-se contra o totalitarismo intelectual mas, no geral, não se coloca contra o totalitarismo cultural de um materialismo desumanizador – ou, melhor dizendo, economismo. O projeto desconstrucionista consiste em revelar o "eterno vazio" da filosofia, e alguns veem toda a tradição do pensamento ocidental

como "tirania logocêntrica". Para Daniel J. Adams, as quatro característI-
cas que definem a era pós-moderna são: 1) o "declínio do Ocidente" (e
poderíamos reconhecer aqui também uma vilificação dele), 2) a crise de
legitimação apontada por Lyotard, 3) o "mercado intelectual" (com a
racionalização econômica do conhecimento) e 4) a desconstrução.[10]

Então, da perspectiva do nosso século XXI, não foi surpresa que
inúmeros pensadores, por diferentes razões (angústia existencial ou simplesmente postura ideológica), tenham desviado a atenção, geográfica ou
historicamente falando, para outros pontos, fora do canône do Ocidente.
As últimas décadas (talvez principalmente em relação ao primeiro tipo
de razão) viram o surgimento de novas disciplinas, como psicologia
transpessoal e esoterismo ocidental, nenhuma das quais se sente muito à
vontade na mesa de honra da Academia. Vimos também muitos ocidentais adotarem crenças religiosas e práticas contemplativas do Oriente. E
depois há a subcultura, movimento ou religião (as qualificações variam)
da Nova Era, que pode ser vista como o reflexo, no público em geral,
dessa nova atenção por parte de diversos pensadores. Nos dois próximos
capítulos, examinaremos o pensamento de três figuras-chave na linha de
pensamento psicológico-espiritual que contribuiu para trazer a alma e
algum tipo de filosofia perene de volta à mesa de discussão. Para concluir
o presente capítulo, faremos uma reflexão acerca do que seja "além do
pós-moderno" e acerca da ideia de um (ou, para seus proponentes, *o*)
"novo paradigma".

ALÉM DO PÓS-MODERNO

Para o pós-modernista, além do pós-moderno seria a *aceitação* do pós-
moderno. Pois, diga-se o que se quiser (diria ele), a linguagem e a cultura moldam a experiência e, para nos referirmos mais uma vez à Alquimia,
essa cabeça do Dragão Negro simplesmente não pode ser cortada. Bem,
sem realizar a obra alquímica, certamente não, replica o esoterista, e não
se pode realizar a Grande Obra enquanto se é um observador filosófico
neutro dessa realização. Agora pelo menos sabemos, diz (reivindicando
o absoluto) o pós-modernista, que não há nenhuma filosofia perene. "É

mesmo?", pergunta o esoterista. Imaginemos um congresso sobre pesca, poderia dizer ele, ao qual comparecem cem *teóricos* da pesca e um punhado de pescadores *de verdade*. O tema a ser debatido no congresso é: Existe na pesca uma filosofia perene? Os teóricos concluem que não – o que existe são apenas diferentes ideias sobre o pescar. Os pescadores de verdade apenas se entreolham e sorriem. Eles sabem, pois *praticam* a pesca (eles não fazem só teorias a respeito do pescar), que existe uma filosofia perene na pesca, mas que apenas pode ser comunicado o fato da sua existência; nunca a sua substância em si. Porém, isso não deveria impedi-los – e, de fato, não os impede – de escrever seus próprios livros sobre o que é a filosofia perene na pesca. O esoterismo diz que a filosofia perene tem que ver com consciência e espírito, ambos os quais continuarão abstrações até serem vivenciados.

A filosofia analítica suscitou algumas respostas corajosas à condição pós-moderna, mas a situação "não faz lembrar senão um obsessivo-compulsivo incorrigível, que se senta na cama e não para de atar e desatar o cordão dos sapatos porque acha que o laço não ficou bem feito", diz Tarnas.[11] Kant admitiu que vemos aquilo que nossa razão vê ou, segundo expressa Tarnas a revolução do pensamento ocidental que preparou o terreno para o pós-modernismo, "o conhecimento humano não se conforma aos objetos; os objetos é que se conformam ao conhecimento humano".[12] Porém, isso implica simplesmente que o "problema" não está na natureza/realidade, mas sim apenas em nossa mente/psique. *Antes*, passou-se a aceitar consensualmente que a mente era ativa e criativa no processo de percepção e cognição. *Agora* (e por causa disso) aparentemente se aceita cada vez mais que precisamos voltar à prática da verdadeira filosofia, a qual, como a definiram Jacob Needleman e David Appelbaum, "é a arte de viver, que já foi chamada de sabedoria".[13]

Na estimava de J. J. Clarke, os estudos interculturais e interdisciplinares estariam atualmente num estágio "hermenêutico", depois de um estágio comparatista no fim do século XIX e início do século XX e um breve estágio universalista/perenialista (com figuras como Aldous Huxley e Frithjof Schuon) em meados do século XX. Ele sugere que há hoje em dia uma "religiosidade da Nova Era" mais ampla e séria do que muita gente gostaria de admitir. Com o pós-modernismo, existe uma abertura para o "Outro" e para a diferença que, em outras palavras, significa uma disposição para renunciar ao eu e ao mesmo. Evidentemente, para alguns esse é simplesmente "o jeito que as coisas são": passamos da opressão em massa da autoridade da Igreja à libertação em massa da ortodoxia judaico-cristã e, com efeito, de qualquer ortodoxia ideológica. A licenciosidade (e a anomia) impera. Porém, para um número maior de pessoas, o compromisso com o intercâmbio intercultural e interdisciplinar decorre de *um desejo mais ou menos consciente de relações mais amplas que o eu*. A jornada espiritual começa com esse desejo – depois que já se está farto de boiar na poça do ceticismo e do relativismo.

Uma nova compreensão, que vem sendo adotada por uma nova geração de pensadores, é a de que um paradigma é uma visão intelectual das coisas *que constitui o corolário de um estado de percepção*. Onde houver o estado de percepção A, haverá o paradigma a; onde houver o estado de percepção B, haverá o paradigma b, e assim por diante. O paradigma cartesiano-newtoniano – ou, para simplificar, o paradigma *moderno* (ligá-lo a esses dois pensadores é um tanto arbitrário) – constitui o corolário do estado de percepção moderno. O paradigma pós-moderno (que um futuro historiador poderia ligar a dois filósofos pós-modernos, como Jacques Derrida e Jean Baudrillard) constitui o corolário do estado de percepção pós-moderno. Haveria estados de percepção "secundários" que, juntamente com seus corolários paradigmáticos, estariam entre o moderno e o pós-moderno. E haveria também estados de percepção "secundários" que, juntamente com seus corolários paradigmáticos, estariam entre o pós-moderno e qualquer que for o estado mais importante que venha em seguida.

O NOVO PARADIGMA?

Os tradicionalistas veem no pós-modernismo, com sua rejeição a princípios e valores centrais fixos, o ápice do antitradicionalismo. Porém, ao mesmo tempo, eles veem à frente uma nova Idade de Ouro. O primeiro requisito para a obtenção do autoconhecimento é conscientizar-se profundamente da ignorância, afirmou Blavatsky, e poderíamos refletir sobre a condição pós-moderna com respeito a isso. O homem identifica-se primeiro com o círculo e depois, com a linha da *consciência*, dizem os hermetistas, e aqui nós poderíamos refletir sobre vários novos modelos ontogenéticos e cosmogenéticos no "pensamento sobre o novo paradigma". O que se deve fazer é praticar a verdadeira filosofia, dizem Needleman e Appelbaum. Isso envolve meditação ou, no mínimo, algum tipo de prática mística, e aqui poderíamos refletir sobre a religiosidade da Nova Era mais ampla. A filosofia termina onde o misticismo começa; depois dele, percebe-se que o intelecto discursivo simplesmente não pode penetrar na realidade, diz o esoterismo. Há um trabalho de desidentificação (uma putrefação) e um trabalho de reidentificação (um alvejamento) a realizar. Bailey propôs que o estudante fixasse uma autoimagem divina recém-criada por ele próprio (uma nova visão da realidade que incluísse uma autoimagem divina). Vemos a humanidade fazer isso hoje? Porém o avanço na percepção não é autossugestão, é o Evento da Consciência Pura (que o homem, ou a humanidade, teria de *racionalizar* para si *em alguma linguagem* – e aqui poderíamos refletir especificamente sobre a "nova física").

O centro da garganta/manas/Tiphereth se abre na primeira iniciação, diz o esoterismo. Ocorre uma mudança de visão de mundo de um universo baseado na matéria para um universo baseado na consciência, mas vemos muitos filósofos da natureza afirmando uma coisa dessas hoje? O Corpo Causal/Templo de Salomão/Templo de Cristo/Pedra Filosofal foi então parcialmente construído. A autoidentificação do indivíduo é com a consciência mesma enquanto fluxo criativo que subjaz ao conteúdo sensorial e mental. O Mistério da Matéria foi descoberto. Depois de um período "moderno" de certeza e um período "pós-moderno" de já não se encontrar paz nem verdade com/em nenhum de seus experimentos/livros, o Sr. Baggins viu através da ilusão do plano físico. *Isso* é compreendido como sendo apenas o conteúdo do sonho ou da conscienciação de um sonhador ou conscienciador coletivo. Alguns dos companheiros do Sr. Baggins podem simplesmente acreditar nisso ou ter como sua *filosofia* um tipo de Monismo Transcendental, mas ele (o Sr. Baggins) experimentou o Evento da Consciência Pura/primeira iniciação.

No livro *Global Mind Change: The Promise of the 21st Century* (1998), Willis Harman fala da perspectiva do novo paradigma, que – lembrem-se – constituiria o corolário de um estado de percepção póspós-moderno. Ele traça uma analogia com o sonho para explicar essa nova perspectiva: quando sonhamos, geralmente há um "roteiro": ocorrem fatos, e aparentemente existem entre eles relações causais (ou algo semelhante). Enquanto estamos sonhando, tudo parece ser bastante real, mas quando despertamos sabemos que tudo não passou de um sonho, derivado de "mim, o sonhador". O antigo paradigma (que se refere particularmente ao paradigma moderno, mas também ao paradigma pós-moderno, visto como extensão máxima do primeiro) é um sonho coletivo: ocorrem fatos, e aparentemente existem entre eles relações causais que chamamos de "leis científicas". Mas os novos "paradigmistas" (primeiros iniciados, ao que parece) despertaram desse sonho e sabem que ele é só isto: um sonho que provém de "nós, o sonhador". Harman deixa clara a relação entre o antigo paradigma e as atitudes e políticas socioeconômicas do Ocidente (representando as do homem moderno):

Já que a sociedade moderna não atribui nenhuma "realidade" à experiência interior, os valores transcendentes não têm força e os valores materialísticos prevalecem. Assim, parece razoável caracterizar a sociedade como a racionalização econômica de uma fração cada vez maior da organização e do comportamento social. A industrialização da produção de mercadorias e serviços estende-se gradualmente a cada vez mais atividades humanas; aos poucos todas elas vão sendo incluídas na economia. Um resultado é a monetização e a comercialização (tudo passa a ser mensurável e comprável em unidades monetárias). A racionalização econômica do conhecimento leva à "indústria do conhecimento": à justificação da ciência pela tecnologia que produz e à justificação da educação pelos empregos para os quais prepara. A racionalidade econômica passa a predominar na tomada de decisões sociais e políticas, mesmo quando as decisões a que conduz são desaconselháveis por outros padrões (como o bem-estar das futuras gerações). Experimentam-se soluções tecnológicas para problemas que são de natureza basicamente sociopolítica. O valor das pessoas (para não mencionar as criaturas não humanas que vivem conosco aqui na terra) se estima por seu valor na economia. A relação da humanidade com a terra é essencialmente uma relação de exploração.[14]

É importante lembrar que esses novos paradigmistas (se é que já existem ou vão existir) seriam novos paradigmistas "de verdade", e não apenas doutrinários ou fanáticos do novo paradigma. Poderíamos também chamá-los de *supra*modernistas, pelo fato de eles: a) antes terem sido pós-modernistas e b) reconhecerem – por experiência – o *supra*conceitual. Independentemente de quantos filósofos neguem a possibilidade de um Evento da Consciência Pura, diz Forman, deve ser óbvio que o fato de eles – ou nós – não o termos experimentado (ainda) não implica que ninguém o tenha ou possa tê-lo feito.[15] Aqui o esoterismo nos faz lembrar que o novo paradigma seria apenas o paradigma *seguinte* na linha da consciência e que há também o Sempreterno a "levar em conta". Talvez este último não possa ser plenamente compreendido senão na terceira iniciação (quando a Obra da Noite tiver sido concluída) ou logo antes dela. Porém, se *hoje*, como civilização, precisamos de um novo mapa para continuar, por que deveríamos nos contentar com o atlas que mostra só o nosso ponto de partida e nosso *primeiro* ponto de parada quando podemos ter o atlas completo? Ao mesmo tempo, o primeiro e último ensinamento do esoterismo é "homem, conhece-te a ti mesmo": não podemos "conhecer" por meio da gnose alheia, e isso inclui todo o grupo de esoteristas.

11 Psicologia espiritual I: Carl Jung e Roberto Assagioli

É precisamente em relação ao que há de divino em nós que nos tornamos ambivalentes, ficamos fascinados e temerosos, somos motivados e nos defendemos.

Abraham Maslow[1]

A palavra psicologia significa lei ou ciência do eu. Mas qual é o eu? É lógico que a escola de psicologia que se aceita depende do eu que se aceita – por contemplação analítica ou experiência de identidade. As duas escolas ou "forças" dominantes na psicologia – pelo menos até as últimas décadas – eram a behaviorista e a psicanalítica (graças em especial ao trabalho de John B. Watson e Sigmund Freud, respectivamente). Os behavioristas estudam o comportamento mensurável empiricamente, e se poderia dizer que aqui a compreensão do eu o iguala a um animal: o homem como animal social. Os psicanalistas estudam o mundo interior dos pensamentos e sentimentos desse mesmo homem e um inconsciente pessoal formado na infância. Sua compreensão do eu o vê como um personagem ou personalidade. Essas escolas sofreram ataques, no que diz respeito à primeira, por ignorar "nossa mente cotidiana, nossa percepção imediata, muito real, da existência", diz John Welwood.[2] E, no que diz respeito à segunda, por ignorar "grandes áreas da vida mental humana, em especial as que se relacionam à experiência religiosa e aos estados expandidos da consciência", afirma J. J. Clarke.[3]

Nos anos 50, uma nova escola – a humanista –, defendida por Abraham Maslow, entre outros, entendeu o eu como um indivíduo com uma "hierarquia de necessidades", das quais a suprema seria a necessidade psicológico-existencial de "autoatualização". Em sua forma extrema, essa poderia ser a autoatualização *divina*. Maslow previu a quarta e a *quinta* forças/escolas, que chamou de "transpessoal" e "trans-humana", diz Douglas Russell.[4] A possibilidade de uma quinta escola baseada numa "visão teosófica do mundo" foi levantada num artigo por Dane Rudhyar[5] e, para J. S. Bakula,[6] o trans-humanístico refere-se ao fato de o caminho da iniciação levar, como já vimos, à consciência do corpo, primeiro, do nosso Homem Planetário como Deus. Uma escola transpessoal de fato surgiu nos anos 70, e aqui a compreensão do eu supremo o iguala a uma espécie de Consciência Pura.

Para Roger Walsh e Francis Vaughan, a psicologia transpessoal é o estudo da "natureza e [d]as variedades, causas e efeitos das experiências e do desenvolvimento transpessoal, como também [d]as psicologias, filosofias, disciplinas, artes, culturas, estilos de vida, reações e religiões por eles inspirados ou voltados à sua indução, expressão, aplicação ou compreensão".[7] Michael Daniels esclarece que "pelo fato de o transpessoal envolver muito mais que os fenômenos da religião, a psicologia transpessoal não é o mesmo que *psicologia da religião*".[8] A psicologia transpessoal oferece uma "contextualização" da psicologia não transpessoal: enquanto uma ala empírico-experimental investiga os "Estados Alterados da Consciência", uma ala teórica fornece "mapas da consciência" baseados em escolas de pensamento místico e também ocidentais, mas sobretudo orientais (juntamente com descrições de estados mais elevados de percepção vividos por místicos). Existem a *psicologia* (e a psicoterapia) transpessoal e a *perspectiva* transpessoal aplicada a outras áreas, como sociologia, educação e governo. Neste capítulo, abordaremos dois grandes psicólogos transpessoais – Carl Jung e Roberto Assagioli – e, no próximo, um terceiro, Ken Wilber, cujas ideias eludem a segunda, a terceira e a quarta escolas.

CARL JUNG

> Apesar da tendência materialística de entender a psique como um mero reflexo ou vestígio de processos físicos e químicos, não existe sequer uma prova dessa hipótese. [...] Portanto, não há base alguma para considerar a psique algo secundário ou um epifenômeno.
>
> Carl Jung[9]

Rompendo com Freud, seu antigo mentor, por achar que este só via ou considerava o "homem animal", Carl Jung (1875-1961) é, segundo William Bloom, o psicólogo mais citado no mundo holístico.[10] Com "mundo holístico", Bloom se refere a uma comunidade contemporânea de pensadores e seguidores da Nova Era que, em linhas gerais, compartilham de uma perspectiva ou convicção que visa a mais que o homem e a matéria e concebem o surgimento de uma nova consciência holística. Jung tinha um interesse fervoroso por aquilo que hoje alguns chamam de "espiritualidades alternativas". Além de particularmente versado no gnosticismo e na alquimia, ele era fascinado pela teosofia e pela antroposofia, que considerava "gnosticismo puro com roupa hindu".[11] Além disso, estudava religiões orientais e era uma autoridade em mitologia mundial. Como Maslow, tinha como principal interesse a autoatualização ou "autorrealização". William Quinn vê Jung como simpatizante do Tradicionalismo ao reconhecer uma espécie de declínio cultural no Ocidente (desde a Idade Média), com o cristianismo moderno carecendo de uma "cultura psicológica". Deve-se esperar o paganismo quando a Igreja só prevê o encontro "de fora", e não "de dentro", com Cristo como *Arquétipo* do Self (ver abaixo). Com relação a isso, outros pensadores, como Gerhard Wehr, descrevem Jung como um "cristão esotérico".[12]

Segundo Stephan Hoeller, Jung via nos gnósticos os "ancestrais espirituais de seus próprios ensinamentos",[13] acreditando que a transmissão histórica desses ensinamentos se deu por meio dos alquimistas da Idade Média e da Renascença, cuja meta da pedra filosofal seria a autorrealização espiritual (como alma, pelo menos). Jung achava que os seres humanos eram naturalmente religiosos – talvez naturalmente *espirituais* seja um termo melhor – e que a mentalidade moderna estava se polarizando em torno de um eixo "desmitificado" que produzia doenças: "Cerca de um terço de meus pacientes não sofre de nenhuma neurose clinicamente definível, mas sim de falta de sentido e de vazio na vida. Parece-me [...] que essa pode ser descrita como a neurose geral de nossa época".[14] Qual seria a cura (ou, pelo menos, o início de uma cura) para isso? "Autorreflexão individual, retorno do indivíduo ao terreno da natureza humana [...]; eis aí o início da cura para a cegueira que impera no presente momento".[15] A psicologia analítica junguiana predominante apresenta dois tipos básicos de personalidade (o extrovertido e o introvertido) e quatro funções psicológicas básicas (pensamento, sentimento, sensação e intuição), além de um inconsciente *coletivo*.

Na visão de Jung, no inconsciente existem não apenas os "resíduos" diários, pessoais, mas também os arcaicos, que remontam a mitologias esquecidas. Aqui estariam arquétipos como a Persona (o eu que apresentamos ao mundo exterior) e a Sombra, que se aproxima do inconsciente freudiano, ao menos por estar "abaixo" do centro inteligente e maduro da psique. Entre outros arquétipos estão a *Anima* e o *Animus*, a Mãe, o Pai, o Herói, o Velho Sábio, o *Trickster* e o Hermafrodita. Vemos nas produções culturais humanas, em diferentes épocas e diferentes culturas, símbolos semelhantes a esses que *ressoam psiquicamente*. Assim, havia/há uma base psicológica comum aos antigos sistemas simbólicos de diferentes culturas. Para Jung, o místico, a meta de tornar-se uma pessoa consciente e plenamente realizada – que, em última análise, seria uma pessoa *em Deus* – "une as mais diversas culturas numa tarefa comum".[16]

Jung descreveu a primeira metade da vida (de 0 a 40 anos talvez) como o sol ascendendo ao meridiano. Esse é o período em que o indivíduo se estabelece no mundo (muitas vezes reprimindo, nesse processo, seu lado Sombra). A segunda metade da vida do indivíduo, ele descreveu como o sol completando sua curva. Nesse período, o indivíduo avançaria – ou deveria avançar – até "ir além de si mesmo" ou, em outras linguagens, até praticar o Tao ou o Caminho. Nessa jornada de "individuação" (o *Principium Individuationis*), é preciso que lidemos com a nossa parte Sombra, que realmente conheçamos e "vivamos" os arquétipos, no sentido de que *toda a experiência humana e espiritual* é uma "negociação" com eles. "Entre eles", escreveu Jung, "o ferro do paciente se forja num todo indestrutível, um 'indivíduo'."[17] O fim da jornada é uma união com o nosso eu mais sublime (divino). Aqui temos o arquétipo do Self, simbolizado por Cristo, por exemplo. A cultura "normal" (Tradicional?) seria aquela que tivesse tais arquétipos em seu Mito (visão de mundo), promovendo assim uma relação "psicológica" harmoniosa e estável entre o indivíduo, a cultura e a vida. A psicologia de Jung era "essencialmente a psicologia do relacionamento", diz Bakula.[18]

O título do último grande trabalho de Jung é *Mysterium Coniunctionis* (1955) – um livro sobre a Grande Obra alquímica. Para ele, a Obra era a "impopular, ambígua e perigosa [...] viagem de descoberta rumo ao outro polo do mundo".[19] Jung não achava que os ocidentais precisavam olhar para o leste em busca de práticas e modelos espirituais – seria possível um "Yoga Ocidental" com base na Tradição ocidental. Hoje, talvez Jung *seja* o psicólogo mais citado no mundo holístico porque suas ideias e preocupações abrangem temas como o "eu superior" (a alma, se não o espírito), o conhecimento, a reesoterização do cristianismo e a reespiritualização mais ampla da cultura ocidental. Jung não era um esoterista, mas sua visão do eu supremo do homem parece almejar – se é que não sugere – a perspectiva de uma quinta escola (teosófica, trans-humana):

> O homem é um portal por meio do qual penetramos, do mundo exterior dos deuses, demônios e almas, no mundo interior; do mundo maior no mundo menor. Pequeno e insignificante é o homem; logo o deixamos para trás e assim entramos uma vez mais no espaço infinito, no microcosmo, na eternidade interior. A imensurável distância cintila solitária uma estrela, no ponto mais alto do céu. Trata-se do único Deus desse solitário ser. É seu mundo, seu Pleroma, sua divindade. Nesse mundo, o homem é Abraxas, que dá nascimento a seu próprio mundo e devora-o. *Essa estrela é o Deus do homem e seu destino.*[20]

UMA DIGRESSÃO

Poderíamos realizar agora uma digressão e examinar o universo científico moderno e os Mistérios arcaicos. O paradigma científico moderno era newtoniano – podemos deixar de lado o adjetivo "cartesiano", apropriado ao paradigma transdisciplinar (geral) moderno, e substituí-lo pelo adjetivo mais particular "copernicano". A parte copernicana está na revolução que viu a teoria de que o centro do universo era a Terra (com o Sol, a Lua e os planetas girando a seu redor) ser substituída pela teoria que colocava o Sol no centro do universo. Na verdade, o Sol como centro não do *universo*, mas simplesmente do nosso sistema solar. No quadro anterior, as estrelas *não* se espalhavam em diferentes distâncias no espaço; em vez disso, elas pontilhavam a "casca" do firmamento. O quadro anterior era geocêntrico; o novo quadro era heliocêntrico, tendo o Sol como *uma* estrela em torno da qual girava a Terra – sendo esta *um* planeta como outro qualquer, de maneira alguma necessariamente especial. Os tradicionalistas veem a cultura ocidental (antes de gente como Copérnico, Descartes e Newton) como tradicional no sentido de ter pelo menos a visão de mundo de uma Grande Cadeia da Existência. Nesse momento não havia uma *intelligentsia* "independente".

Nos Mistérios arcaicos, vemos uma terra (corpo celeste) *representando* o corpo material (aparentemente objetivo) do homem e um setenário de corpos celestes (a Lua, o Sol e os cinco planetas) representando *princípios* espirituais esotéricos. Estes estão "acima" da Terra. Portanto, o verdadeiro filósofo veria *alguma espécie de verdade* no quadro pré-copernicano do universo, no que se refere ao *nosso* sistema cósmico pelo menos. A nova filosofia de Descartes acabou com Maya ou a realidade relativa de tudo (lembre-se de Blavatsky: "pois o conhecedor também é um reflexo, e as coisas conhecidas são para ele, portanto, tão reais quanto ele próprio"). Com Copérnico, acabou também uma verdade geocêntrica *relativa*. Porém o novo quadro do universo (diria o esoterista hoje) ainda era progressista, pois dava a esperança de uma compreensão de "todos os sistemas cósmicos, de todos os níveis logoicos".[21] Se a sociedade ideal depende da disseminação e da aceitação generalizada de *uma forma da* filosofia perene, essa forma hoje *poderia* conter tanto o universo científico moderno "horizontal" *quanto* o universo pré-moderno (précientífico e pré-*intelligentsia* independente) "vertical".

ROBERTO ASSAGIOLI

"Chegará o dia", disse Aldous Huxley, "em que alguém perguntará a Shakespeare, ou mesmo a Beethoven: 'e isso é tudo?'"[22] Qual é a meta ou o limite do desenvolvimento pessoal? Será o domínio da natureza tanto que o indivíduo se liberta do controle de hábitos da infância, sentimentos da adolescência e ideias culturais? O indivíduo será então um livre-pensador e uma pessoa madura, desfrutando talvez da mesma visão de Shakespeare e Beethoven – mas será que terá realizado seu potencial *máximo*? ("Isso é tudo?") De acordo com os místicos e esoteristas, esse potencial consiste na união em consciência com Deus. Então, além do desenvolvimento *pessoal* há o desenvolvimento *espiritual*, e essa era a visão tanto de Jung quanto do psiquiatra italiano Roberto Assagioli. A escola de *psicossíntese* deste último, desenvolvida ao longo de várias décadas desde que o sistema foi inicialmente esboçado numa tese doutoral em 1910, aborda terapia e desenvolvimento pessoal e espiritual. "Os métodos da psicossíntese aliam técnicas da psicoterapia, da educação e da disciplina espiritual", diz Douglas Russell.[23] A psicossíntese é uma concepção da vida psicológica, um método de desenvolvimento psicológico, uma filosofia e método de tratamento de distúrbios psicológicos e psicossomáticos *e* uma filosofia e método de educação (pessoal e espiritual) integral.

O modelo da psique proposto por Assagioli compreende um inconsciente divino e uma identidade anímica que é distinta da identidade da personalidade. O sistema apresenta um *Inconsciente Inferior* como sede das "atividades psicológicas elementares que regem a vida do corpo".[24] Essa é a "mente criança", suscetível a males como fobias, obsessões e impulsos compulsivos. O *Inconsciente Médio* é a "mente adolescente", suscetível a males como – para usar um termo moderno – as "patologias de *script*" (por exemplo, o racismo). O *Inconsciente*

141

Superior é a "mente superior", sede dos "sentimentos mais nobres, como o amor altruístico, do gênio e dos estados de contemplação, iluminação e êxtase".[25] O *Campo da Consciência* é o fluxo incessante de sensações, imagens, desejos, pensamentos etc. da "mente adulta", que não deve ser confundida com o *Eu Consciente per se*. Para Assagioli, essa mente adulta seria pouco desenvolvida na maioria das pessoas. Na maior parte das vezes, somos controlados por nossa mente adolescente ou "derivamos na superfície da correnteza mental" [no campo da consciência].[26] Assim, o estabelecimento do Eu Consciente é a primeira tarefa da psicossíntese. O *Eu Superior* é o eu espiritual/transpessoal do indivíduo, cuja "projeção no campo da personalidade" é o Eu Consciente. Finalmente, como foi dito, haveria o único e supremo inconsciente divino.

A primeira tarefa que a psicossíntese reconhece é o estabelecimento do Eu Consciente. Isso *pode* envolver a psicanálise (para lidar com os problemas geralmente contraídos no caminho do desenvolvimento pessoal; em especial males do inconsciente inferior), mas a Psicossíntese tem uma pauta *educacional* mais ampla em sua meta de revelar eus conscientes maduros. A sociedade precisa disso e nós, como indivíduos, também – precisamos ser controlados não por nossa mente criança ou adolescente, mas por um centro a partir do qual possamos agir com liberdade, inteligência e maturidade. Assagioli distinguia entre a psicossíntese *pessoal* e a psicossíntese *espiritual*. A psicossíntese pessoal pode envolver a psicanálise, mas como a meta prioritária na mente do terapeuta é o desenvolvimento pessoal, ele traz o paciente para o trabalho psicanalítico na primeira oportunidade. Essa abordagem equivale à do professor que apresenta ao aluno o trabalho de resolver problemas matemáticos quando este tem idade suficiente para tal. Essa apresentação é uma maneira de pressionar o surgimento da mente matemática do *próprio* aluno. Aqui o que se pressiona é o surgimento da mente psicanalítica do próprio paciente – o mesmo tipo de mente do terapeuta em psicossíntese, que é um eu consciente maduro.

Quando o terapeuta em psicossíntese também está unido em consciência com seu eu superior, ele pode ser um terapeuta em psicossíntese espiritual. Se trabalhar com um paciente que já seja – pelo menos até certo ponto – um eu consciente maduro, sua meta prioritária passa a ser o desenvolvimento espiritual. Assim como o trabalho da psicossíntese pessoal pode envolver a psicanálise, o trabalho da psicossíntese espiritual pode envolver o tratamento dos problemas contraídos no caminho do desenvolvimento espiritual. Entre os problemas que *precedem* o despertar espiritual – causados pela iminência da percepção espiritual – estão a dúvida intelectual e a depressão emocional. Esse mal-estar interior, talvez familiar a muitos filósofos pós-modernos hoje, pode manifestar-se, por exemplo, como insônia e tensão nervosa e ser erroneamente diagnosticado pelo psicólogo comum como psiconeurose ou mesmo esquizofrenia.

Entre os problemas que *sucedem* ao despertar espiritual estão: a) o mal dos "vales e montanhas", característico do místico cristão, que lembra a psicose maníaco-depressiva e está ligado à natureza cíclica da impressão espiritual, b) a atitude excessivamente crítica diante de si mesmo (do seu ser ainda imperfeito), que provoca uma paralisação em termos da vida espiritual criadora e c) problemas decorrentes do fato de o indivíduo ainda ser pré-maduro (ou seja, ainda carecer de autocontrole e compreensão inteligente) em certas áreas importantes. Por causa disso, ele pode achar que está ouvindo vozes, por exemplo, ou que, como *persona*, é Deus. Outro problema, que John Welwood descreve de maneira cristalina, é o "curto-circuito espiritual":[27] trata-se da condição em que o indivíduo não deixa que a alma se encarregue de sua vida de animal social, mantendo a espiritualidade "na cabeça".

Assagioli frisa que é necessário distinguir claramente entre os problemas contraídos no caminho do desenvolvimento pessoal – que tanto a psicossíntese pessoal quanto o psicólogo comum identificam e trabalham – e os problemas contraídos no caminho do desenvolvimento espiritual. Dar ao paciente que tem um "problema espiritual" o tratamento reservado àquele que tem um problema pessoal pode, na verdade, piorar as coisas – afinal, não é o alinhamento psicológico com a "realidade" do homem e da matéria que se busca no paciente espiritual. O terapeuta que trabalha com psicossíntese espiritual traz o paciente para o trabalho de solução de problemas espirituais – mais uma vez, na primeira oportunidade. Todos os problemas desse tipo *são* trabalhados lançando-se sobre eles a luz da mente superior, sendo portanto esta que deve ser pressionada. Para tanto, Assagioli usou e incentivou a adoção das técnicas e da prática do Raja-Yoga. Tanto na psicossíntese pessoal quanto na psicossíntese espiritual, o terapeuta necessariamente trabalha com a *vontade* do próprio paciente – a vontade de curar-se e a vontade de evoluir ou atingir a integração. Ken Wilber – que veremos em seguida – identifica a vontade como *Eros*, a força da vida e da integração. Há também *Tânatos*, a força da morte e da desintegração. Eros, ou a força da vontade, é trabalhado pelo terapeuta em psicossíntese no *desenvolvimento* em si, ao passo que Tânatos é trabalhado na *terapia* em si.

12 Psicologia espiritual II: Ken Wilber

Ken Wilber é um conhecido psicólogo e filósofo contemporâneo cujo modelo do "espectro total" da psique humana vamos analisar aqui. Frank Visser acredita que a relação entre os modelos e compreensões da psicologia transpessoal, como os de Wilber, e os modelos e compreensões esotéricos, como os da Teosofia, ainda estão à espera de uma exploração mais profunda.[1] Tentaremos precipitar essa exploração por meio da referência, nesta seção, à iniciatologia teosófica. A propósito deste tema, recomendamos ainda a leitura de um artigo de Robert P. Turner.[2] A psicologia de Wilber começa com o Atman como Consciência Pura (trata-se de Atman pelo fato de ser o componente superior da psique do indivíduo, do contrário será Brahman/Deus). Vivenciar o Atman seria uma experiência em que Deus (ou algum outro Todo) olha por trás dos olhos do indivíduo para Si Mesmo (novamente, como algum Todo semelhante). O indivíduo aqui não é "excluído": ele participa da experiência.

De acordo com o esquema teosófico, no fim da evolução o homem participa da consciência do corpo de nosso Homem Solar, mas antes disso há uma participação na consciência do corpo de nosso Homem Planetário. Esta última está relacionada à Mônada. O teosofista diria que o que Wilber chama de Brahman é um Todo, mas não o Todo que é a consciência do corpo de nosso Homem Solar. Seu esquema para, por assim dizer, no 2º plano solar. Turner diz que: "Se reconhecermos que a quinta iniciação representa a perfeição na perspectiva da existência humana, [...] é compreensível que o espectro de Wilber – e ensinamentos de outras tradições espirituais – culminem, como ocorre, no plano monádico".[3] Porém, a seu ver, a psicologia esotérica "aborda o desenvolvimento da consciência além do nível [dessa] Unidade suprema".[4]

O homem se encontra na manifestação, afirmam os gnósticos. Esse homem vê um mundo real – ou seja, um mundo fisiomaterial real – do qual ele faz parte. Se virmos através da ilusão de um eu físico, obviamente já não poderemos aceitar um universo físico, mas apenas um universo que seja o conteúdo de "nós, o sonhador". Essa é a perspectiva da realidade que tem o primeiro iniciado. Wilber *poderia* concordar que esse é o estágio *Sutil Inferior* da evolução da consciência. No livro *The Atman Project* (1980),[*] ele lista vários estágios de evolução posteriores – se pudermos exprimir assim – à consciência do "personagem comum". Já que essa é a consciência do indivíduo *adulto*, ele os faz preceder de estágios de consciência desde o nascimento até esse ponto (daí espectro total).

O Pleromático	
O Arcaico	
O Mágico	Arco
O Mítico	Exterior
O Mental	
O Centáurico	
(Transicional)	

O Sutil Inferior	
O Sutil Superior	Arco
O Causal Inferior	Interior
O Causal Superior	
O Supremo	

---

[*] *O Projeto Atman*, publicado pela Editora Cultrix, São Paulo, 2000. (Fora de catálogo)

O ARCO EXTERIOR

Tomando por base o livro supracitado, os estágios apresentam-se de acordo com o relacionado acima. Com Assagioli, temos a ideia do inconsciente inferior como a mente criança, do inconsciente médio como a mente adolescente e do eu consciente como a mente adulta. Na Teosofia, temos a ideia do desenvolvimento pessoal como a "apropriação" e a "polarização" dos corpos físico, emocional e mental sucessivamente (à medida que os centros inferiores se abrem um por um). Aprendemos a agir e, por algum tempo, as sensações físicas são tudo. Então aprendemos a sentir e imaginar e, por algum tempo – com relação às crianças mais velhas e aos adolescentes –, nos polarizamos em nossa vida emocional e imaginativa. Em seguida, aprendemos a pensar e nos tornamos criaturas racionais – ultrapassamos (agora com relação ao inconsciente comum) nossa natureza juvenil. Com Wilber, temos "estruturas" de consciência que vão mudando à medida que crescemos. Na estrutura/estágio Mental, a realidade é "arrumada" no universo de três dimensões espaciais e tempo linear, com o eu como um objeto desse universo, que o adulto comum vê. Wilber vê o fim dos estágios não só na vida do indivíduo, mas também historicamente, como Idades psicológicas do Homem. Assagioli tinha uma visão semelhante da história da humanidade como reveladora de um homem em processo de crescimento, da mente criança à mente adulta.

No que diz respeito aos estágios do Arco Exterior, o trabalho de Wilber baseia-se no trabalho de psicólogos como Jean Piaget e Erich Neumann, além, particularmente, do historiador cultural Jean Gebser. Os homens e bebês do período Pleromático[5] na verdade não experimenta(ra)m o mundo e, nessas condições, na verdade não tiveram/têm percepção de si como distintos da natureza. Os homens e bebês do período Arcaico[6] experimenta(ra)m o mundo por meio do corpo (aqui há uma noção crescente do eu físico). Os homens e crianças do período Mágico[7] experimenta(ra)m o mundo por meio das emoções (aqui há uma noção firme do eu físico e uma noção crescente do eu emocional). Os homens e crianças mais velhas do período

Mítico[8] experimenta(ra)m o mundo por meio da imaginação (aqui há uma noção firme do eu emocional e uma noção crescente do eu mental). E os homens e adultos – nós mesmos – do período Mental[9] experimenta(ra)m o mundo por meio das ideias (aqui há uma noção firme do eu mental). No estágio Centáurico[10] (pós-moderno), o eu vem a constatar que todos os seus esforços individualistas de pouco valem e que todo o conhecimento que tinha agora lhe escapa, à medida que sobrevém a percepção de que a realidade está além do alcance do intelecto discursivo.

O pensamento de Wilber nesta área é extremamente detalhado e comparativista, e nos últimos anos ele vem usando o modelo de desenvolvimento da "Dinâmica da Espiral", de Clare Graves, Christopher Cowan e Don Beck. Esse modelo parte de centros psíquicos de gravidade – esqueça os tipos de personalidade, eis aqui uma tipologia de estágios de consciência cujos grupos recebem nomes de cores. *Bege* corresponde à estrutura Arcaica; *Púrpura*, à Mágica; *Vermelho*, à estrutura intermediária entre o final da Mágica e o início da Mítica; e *Azul*, à estrutura intermediária entre o final da Mítica e o início da Mental. Os indivíduos "Azuis" seriam para Assagioli os adultos normais: ainda não pensadores plenamente racionais e ainda tendentes ao etnocentrismo e à conformidade na obediência ao líder. Já que *Laranja* e *Verde* correspondem, respectivamente, aos estágios Mental e Centáurico, os "Laranjas" são os homens do período Mental propriamente dito, enquanto os "Verdes" são os pós-modernistas. Segundo Wilber, o Azul é o estágio em que a maioria das pessoas "está" atualmente. Porém a maior parte do *poder* hoje está nas mãos dos Laranjas.

Os Azuis menosprezam os Vermelhos e respeitam os Laranjas, diz Wilber, embora não estejam muito à vontade com o individualismo destes. Os Laranjas acham que a equanimidade do Verde é "fraca e inconsequente",[11] e os Verdes – se tivessem de aceitar esta tipologia – se julgariam no último estágio, mesmo que existam estágios/cores mais avançados antes de chegarmos aos do Arco Interior. Os *Amarelos* seriam pensadores do tipo da ainda essencialmente materialista (mesmo que atenuada) "Visão Sistêmica", diz Wilber, e depois há os *Turque-*

sas, que estão a uma distância muito curta de uma percepção genuinamente transpessoal/espiritual. Wilber crê que os *Amarelos* e *Turquesas* representam hoje a vanguarda da evolução humana coletiva. Devemos entender que os estágios de consciência têm como conteúdo uma realidade que, para cada estágio, é "verdadeira". Portanto, as pessoas não podem ver senão aquilo que o estágio em que atualmente estão as faz ver. (Esse princípio se aplicaria também às pessoas que estão em algum dos estágios transpessoais.)

Em outros trabalhos, como *Integral Psychology* (2000),[2*] Wilber discute não apenas *estágios* como também *linhas* de desenvolvimento relacionadas ao eu. Uma delas é a linha *moral* (ligada à identificação, inicialmente, "comigo"; em seguida, com um grupo de amigos e familiares; depois com um grupo mais amplo de comunidade, raça, religião ou nação; em seguida, com a humanidade inteira; daí para todos maiores). Outra está relacionada a *necessidades* (como na hierarquia de Maslow). A própria vida do eu se identifica com um nível de realidade após o outro. Detalhando os estágios do Arco Exterior, temos os seguintes níveis de realidade: 1) físico, o eu como ator (Arcaico-Mágico), 2) emocional, o eu como ser sensível (Mágico-Mítico) e 3) mental, o eu como pensador (Mítico-Mental). A jornada do eu envolve uma identificação seguida de uma desidentificação com um determinado nível, à medida que se processa uma identificação com outro. Segundo Wilber, isso é transcendência, mas também inclusão/integração.

É possível que haja problemas na parte da nova "adoção" (por exemplo, a criança não abre mão inteiramente da noção do eu físico, o que gera um problema de socialização) e na parte da integração (por exemplo, a clássica repressão dos sentimentos indesejáveis no adulto, que é uma não integração do eu emocional). Entre as "patologias intermediárias" inclui-se a recusa em abandonar atitudes nocivas ao grupo (patologias de *script*), e entre as "patologias superiores" inclui-se a não integração do eu inferior pelo yogue (curto-circuito espiritual). Assim como o terapeuta em psicossíntese pessoal-espiritual, o

---

2. * *Psicologia Integral,* publicado pela Editora Cultrix, São Paulo, 2002.

terapeuta de espectro total é um "arqueólogo do eu", diz Wilber. Reconhecendo a marcha para diante, caso algum aspecto que já tenha surgido precise de atenção, como é de se esperar, ele se concentrará nisso. Porém, como o arqueólogo é também alguém que descobre o futuro, ele também será um guia espiritual. Ele diz:

> Um terapeuta de espectro total trabalha com o corpo, com a sombra, com a *persona*, com o ego, com o eu existencial [Centáurico], com a alma e com o espírito, tentando trazer percepção a todos eles, de modo que todos eles possam se juntar à consciência na extraordinária viagem de retorno ao Eu e ao Espírito que assenta e que move toda a manifestação.[12]

O ARCO INTERIOR

O centáurico (transicional)

O estágio Centáurico é aquele em que o indivíduo vagueia sem optar por nenhuma visão de mundo (*forma* de mundo na mente) definida. Portanto, diz Wilber, o estágio Centáurico é um estado trans*associação* (o pós-modernista não faz parte de nenhum "clube" de predicado específico), mas não um estado trans*pessoal* porque, embora possa ser extremamente intuitivo e tenha um "senso absoluto de relação", o Centauro ainda se baseia fundamentalmente na noção do corpo (o eu como ator).[13] O estágio Centáurico não transcende "a existência, a orientação pessoal nem a percepção psicofisiológica da vigília. Ele é o último estágio dominado por formas normais de espaço e tempo – mas elas ainda estão lá".[14] Em outras palavras, ainda é a consciência do Personagem, embora um Personagem muito sensível e dono de si (relativamente autoatualizado). O Centauro tem de ir além do "sentido em minha vida" e abrir mão da autonomia do eu, afirma Wilber. Com efeito, toda a questão do Centauro é "criar um eu forte o bastante para morrer" – isto é, morrer para o eu comum, autocentrado: "abrir mão da vida pessoal no geral".[15] A condição ou estado Centáurico não pode ser "superada" sem intervenção espiritual (prática da gnose).

O sutil inferior

"O sutil inferior 'compõe-se' dos planos astral e psíquico da consciência", diz Wilber.[16] No estágio Sutil Inferior do desenvolvimento transpessoal, o foco da atenção do indivíduo volta-se para esse plano como a dimensão *mais* real da experiência. Aqui encontramos então o primeiro iniciado que, tendo visto através da ilusão do plano físico, vive no corpo astral como seu "centro".[17] Wilber afirma que, embora todos nós sejamos ocasionalmente transpessoais, aqui o indivíduo é *de hábito* "transpessoalmente sensível". O eu Sutil Inferior é, depois do Centauro, um eu *relativamente* iluminado, afirma Wilber. E – associado a isso – o estágio Sutil Inferior é "provavelmente a forma do projeto Atman que é mais difícil de romper".[18] Aqui nos lembramos do ensinamento segundo o qual o período entre a primeira e a segunda iniciações é (ou pode ser) o mais longo que há entre duas iniciações quaisquer. Afinal, *todo o reino* das crenças e emoções do personagem deve ser transcendido.

O sutil superior

No estágio Sutil Superior, o indivíduo se vê frente a frente com Deus como auge arquetípico de sua própria consciência, diz Wilber.[19] Em outras palavras, depois de ter visto através da ilusão do plano emocional, seu foco volta-se para o plano que se compõe de intelectos ou eus cartesianos (seres pensantes). Esse foco se traduz no fato de o segundo iniciado viver em seu corpo mental inferior. "É o vazio de tudo que permite que a identificação [aqui] ocorra", afirma John Blofeld.[20] Isso nos faz lembrar da meditação de Eckhart sobre o Nada e do trabalho de discriminação que possibilitou o alcance desse estado de desenvolvimento transpessoal. "Em rápida ascensão, a consciência [agora] está se diferenciando inteiramente da mente e do eu comuns", afirma Wilber.[21] Aqui temos a Alma, o segundo iniciado e o Estado Dualístico Místico. Ele é uma "intensificação da consciência" e uma fusão "no objeto da nossa contemplação", diz Wilber,[22] à medida que o indivíduo, no estágio da Concentração contínua da meditação, está se tornando a alma no pensamento-semente.

O causal inferior

> No sutil superior, lembre-se, o eu foi dissolvido ou reabsorvido na divindade arquetípica como essa divindade – uma divindade que, desde o início, sempre foi o próprio Eu e o mais sublime arquétipo do indivíduo. Agora, no causal inferior, essa divindade-Arquétipo se condensa e se dissolve ela própria no Deus final, que aqui é visto como uma luz audível extraordinariamente sutil.
>
> Ken Wilber[23]

Se os cinco estágios de desenvolvimento transpessoal de Wilber estiverem ligados às cinco iniciações ocultas, podemos esperar que a estrutura Causal Inferior seja o "modo de pensar" do terceiro iniciado. Já dissemos que o terceiro iniciado vive no Corpo Causal (Trono de Salomão, Templo de Cristo etc.), depois de ter visto através da ilusão do plano mental inferior, o plano que se compõe de criaturas mentais originais e individuais. Transcender isso *é* voltar a dissolver-se no "Deus final" como o eu da Mente *Universal*. Esse é o primeiro aspecto da alma inicialmente vislumbrado no ECP; agora, assim como a Mônada é plenamente vivenciada na quinta iniciação, aqui a alma é plenamente vivenciada como um "corpo de luz" (entenda-se que Wilber está analisando essencialmente o conteúdo fenomênico da percepção de um místico). Esse corpo de luz não é seu nem meu: é a luz da alma "ofuscando" a luz da personalidade. O estágio Causal Inferior é, portanto, onde a consciência da personalidade e a consciência da alma se integram.

O adulto tem consciência de ser indubitavelmente um ser à parte, com características específicas e um corpo objetivo. Eu tenho uma noção do meu eu (posso dizer, com Descartes: posso duvidar de tudo, mas não de minha existência como aquele que duvida), tenho uma noção da minha personalidade (sei que gosto de determinados alimentos e determinadas pessoas, mas não de outros) e tenho uma noção do meu corpo. Esta é a noção mais forte de todas porque é a *mais antiga* e, por conseguinte, é também aquela em que meu ego investe mais. Mas o que aconteceria se eu percebesse que o mundo físico não é um domínio objetivo, que a matéria dura e fria é mentira – o que tornaria minha existência individual como corpo discreto, confirmada pela ciência e afirmada por minha consciência criança, uma ilusão? Eu seria obrigado a procurar confirmação de minha existência individual na religião/ciência não materialística e afirmação em minha consciência adolescente. Esse é o estágio Sutil Inferior da evolução. E se agora eu percebesse que minha existência individual como personalidade é uma ilusão? Eu seria obrigado a procurar afirmação de minha existência individual em minha consciência especificamente adulta. Esse é o estágio Sutil Superior da evolução. E se agora eu percebesse que minha existência individual como um "eu" (cartesiano) é uma ilusão? Minha noção do eu teria então voltado a dissolver-se no "Deus final". Além de mim como corpo, de mim como personalidade e de mim como eu está a noção que tenho de "mim como Deus".[24] Esse é o estágio Causal Inferior.

Os seis níveis básicos de realidade propostos por Wilber (ele tem uma compreensão própria da filosofia perene – ou, pelo menos, de um universo em vários níveis) são: 1) matéria, 2) corpo vivo, 3) mente, 4) alma, 5) espírito e 6) Deus. A cada estágio, o *locus* de identificação do eu está num certo nível: Mental (matéria), Sutil Inferior (corpo vivo), Sutil Superior (mente), Causal Inferior (alma), Causal Superior (espírito) e Supremo (Deus). O arranjo teosófico seria: Mental (físico), Sutil Inferior (emocional), Sutil Superior (mental inferior), Causal Inferior (mental superior), Causal Superior (búdico) e Supremo (átmico). Se muitas pessoas estiverem hoje no estágio Amarelo ou Turquesa, então elas estarão a ponto de ter como *locus* de identificação o nível situado imediatamente acima: o nível emocional ou da matéria viva.

O causal superior

"É a transcendência e a liberação total e absoluta em Consciência Informe", diz Wilber.[25] Essa é uma alusão ao modo de pensar do quarto iniciado,[26] para quem o eu pessoal como alma (ou arquétipo pessoal como Deus Final) já não existe. A parte anímica sim, ainda existe, mas não o egocentrismo. "Tanto o sujeito quanto o objeto são [aqui] esquecidos", diz Wilber,[27]o que se traduz no fato de o indivíduo não se ver mais *como pessoa* em nenhuma forma, seja "superior" ou "inferior". O quarto iniciado, lembre-se, está sentado no aeroporto escrevendo suas cartas de despedida enquanto olha o quadro de saídas. "Há apenas radiância

[aqui]", diz Wilber,[28] o que se traduz no fato de o indivíduo viver em seu veículo búdico, como o Filho que sabe que é um com o Pai e só espera que isso seja *completamente* assim em sua experiência. Segundo Wilber, esse é o estágio do "amor transcendente na unidade".[29] Esse é o quarto iniciado que, "envolto na gloriosa veste de paz inalterável que nada pode perturbar",[30] é reconhecido por Besant. À Obra da Noite seguiu-se a Obra do Amanhecer, com a promessa de um Dia bonito e ensolarado.

O estágio supremo

> [Aqui] a consciência desperta totalmente como sua Quididade e Condição Original (*tathata*), que é, ao mesmo tempo, a quididade e a condição de tudo que é, seja grosseiro, sutil ou causal. O que observa e o que é observado são apenas uma e a mesma coisa. O Processo do Mundo inteiro então se apresenta, a cada momento, como o próprio Ser de cada um, fora do qual e antes do qual nada existe. Esse Ser está totalmente além e antes de tudo que se apresenta e, no entanto, nenhuma parte desse Ser é outra coisa senão o que se apresenta.
>
> Ken Wilber[31]

Talvez seja incorreto dizer que este é um estágio, pois ele está além da linha final do desenvolvimento transpessoal (mas não, conforme foi visto, do iniciatório). Aqui o que observa e o que é observado são apenas uma e a mesma coisa (o Todo olhando por trás dos olhos do indivíduo para Si Mesmo). Nessa citação, "consciência" refere-se ao Filho, e sua "quididade e condição original", ao Pai como a consciência do corpo de nosso Homem Planetário (entendido teosoficamente). O quinto iniciado "passou" a preocupações planetárias. Assim, seu nível de interesse abarca o "processo do mundo inteiro". Essa vida do nosso ser planetário eclipsa a vida dos seres humanos e sub-humanos, independentemente de levarmos em conta sua natureza grosseira (personalidade), sutil (alma) ou causal (espírito). Esse Ser está totalmente além e antes de tudo que se apresenta nos reinos da experiência estritamente humana e sub-humana – assim como está o autor com relação aos personagens de sua peça.

13 Desafios da visão esotérica

O DESAFIO DO UNIVERSO QUE É SEMPRE O MESMO E SEMPRE NOVO

Viemos usando tanto a analogia do homem como personagem de uma peça quanto a imagem do conhecimento como o levantar de um véu para revelar uma realidade alternativa – uma realidade que sempre esteve aí, encarando-nos frente a frente, mas uma realidade para a qual estamos cegos. Essa realidade alternativa seria o oculto, no sentido de supernatural, de outro tipo de realidade natural. *Outro tipo de realidade natural ainda seria natural.* O caminho espiritual consiste em tornar-se um novo si mesmo, e não um novo alguém (outra pessoa). O esoterista vê um universo que é sempre o mesmo e sempre novo. Ele diria que é um universo mais "óbvio", que tem entidades planetárias e solares que "evidentemente" são maiores em vida e consciência que as humanas, e entidades galáticas e supergaláticas que "evidentemente" são maiores em vida e consciência que as planetárias e solares. Poderíamos tentar imaginar a diferença qualitativa entre a *experiência* de um carrapato e a nossa e, então, prosseguir na mesma direção expansiva, diz Huston Smith. A jornada iniciatória leva para longe da trilha batida dos humanos, porém nos traz de volta exatamente para o lugar em que começamos – para o que já estava *presente o tempo todo*, diz Peter Kingsley.

> Metafisicamente, a realidade humana é redutível à Realidade Divina e, em si, é apenas ilusória; teologicamente, a Realidade Divina se reduz em aparência à realidade humana, no sentido de que Aquela não supera esta em qualidade existencial, mas apenas em qualidade causal.
>
> Frithjof Schuon[1]

Um universo *esotérico*? Sim, mas apenas de um determinado ângulo. E quando falarmos de *Superbia* como domínio de um reino novo, mais que humano em termos de percepção, isso será possível, mais uma vez, apenas de um determinado ângulo. O ensinamento esotérico, em última análise, diz que o espiritual (e ser espiritual) na verdade é apenas o *normal* "mais sublime" (e ser o normal mais sublime). O esoterismo é dualístico (realidade esotérica/realidade exotérica), mas também não seria incorreto dizer que ele é monístico. O esoterista aceitaria a acusação de ser monoteísta, no que se refere ao Absoluto por trás de todo e qualquer sistema logoico e/ou ao Logos Cósmico supremo e/ou a nosso Deus "local" como a consciência do corpo do nosso Homem Planetário ou Solar. E aceitaria a acusação de ser triteísta, sendo o Logos uma Tríade. E aceitaria também a acusação de ser politeísta, já que existem muitos Logoi. E teria de aceitar ainda a acusação de ser catenoteísta, no sentido de que, quando chegamos ao alto da *nossa* montanha, ela se revela para nós como apenas um grão de areia que faz parte de uma planície arenosa com mais uma montanha à nossa frente – uma forma pictórica de referência aos planos solar e cósmico.

Por outro lado, o esoterista aceitaria a acusação de ser panteísta, sendo o universo divino, e de ser panenteísta, havendo um Absoluto por trás desse universo divino. E aceitaria até a acusação de ser ateísta, com relação à propriedade desse universo de ser outro tipo de universo natural. No fim, o esoterismo não existe como postura filosófica. Poderíamos desejar que ele calçasse sapatos conceituais e andasse pelas estradas do nosso mundo de pensamento, mas ele continua descalço e percorre vias naturais. Tudo isso para total frustração do catalogador comum de visões de percurso e da mente analítica, que gosta de decompor os similares em dissimilares. Portanto, não é de surpreender que o esoterismo ocidental tenha demorado tanto a nascer como disciplina acadêmica – talvez aguardando que a aptidão sofisticada, "hiperintelectual", o apreendesse. O pronome "o" aqui não se refere ao que é esotérico, mas sim àquilo que é, ao que parece, a "loucura" dos discursos e das asserções metafísicas onidirecionais do esoterismo. Entender esses discursos e essas asserções foi o principal objetivo deste trabalho, tendo tentado o autor, tanto quanto pôde, fornecer um quadro abrangente e compreensível da visão esotérica do mundo.

O DESAFIO DA FILOSOFIA PERENE

Uma descrição da China não é a China. Um mapa da China, extraído de mil descrições da China, continua não sendo a China. Para conhecer a China, é preciso ir lá, e para conhecer a filosofia perene *como* Realidade Divina, é preciso "ir lá" também. Nos escritos de muitos pensadores contemporâneos, a filosofia perene é essencialmente a visão de mundo prémoderna – uma espécie de consenso filosófico que apresenta um universo em diversos níveis, partindo da matéria, passando pelos sistemas vivos, pela mente e pela alma, até chegar ao espírito/Deus. Isso nos dá uma espécie de "mapa" da filosofia perene mas, adverte-nos o esoterismo, devemos lembrar-nos que o mapa não é o terreno. Além disso, de qualquer modo o mapa talvez se refira apenas a uma *parte* do terreno, dependendo da extensão de território percorrida pela maioria dos viajantes e/ou do que eles conseguiram ou julgaram necessário expressar, tendo em conta o resto de nós e nossos parâmetros de experiência e nossas linguagens religiosas habituais.

Quando se fala da iluminação nas tradições místicas, é à comunhão na consciência do corpo do nosso Homem Planetário que comumente se alude, diz a Teosofia. Essa é uma iluminação *relativa*, e esse Deus é nosso "contexto" ontológico-cosmogenético *inicial*. Portanto, no mapa "padrão", Deus refere-se a *um* Deus, mas não ao Deus *supremo*. E nós não temos que considerar unicamente *nossos* níveis de existência: o mapa-padrão da filosofia perene, na verdade ou na melhor das hipóteses, é apenas um mapa da *psicologia* perene, no sentido de psique-ologia e no sentido de *em nosso sistema cósmico exclusivamente*. No passado, talvez não houvesse razão para um mapa que contivesse mais que apenas a nossa montanha. Porém, do mesmo modo, *agora* – quando estamos (se é que estamos) começando a despertar coletivamente da ilusão de nosso personagem (e entrar na Era Espacial) – há.

Para conhecer a filosofia perene como Realidade Divina, é preciso dedicar-se ao projeto gnóstico, e hoje talvez haja indícios de que muitos filósofos estão fazendo algo no sentido de "cumprir as condições necessárias". Jâmblico advertiu contra uma abordagem puramente intelectual (isto é, uma abordagem que prescinda de purificação moral e prática mística) – essa é a mensagem para os esoterólogos. Frithjof Schuon afirmou que não devemos esquecer a *constante* relação periferia-centro – essa é a mensagem para o pensador evolucionista. Jacob Boehme disse que ninguém deveria imaginar ou desejar encontrar o lírio do botão celestial com busca e estudo profundos se não estivesse imbuído de sincero arrependimento no Novo Nascimento, para que este crescesse em si – essa é a mensagem para todos nós.

O único meio de conhecer o que é, em vez de conhecer ideias sobre o que é, é a gnose. Hoje parece haver um amplo consenso quanto a nossa necessidade de um novo mapa – uma nova *Naturphilosophie* que, como diz Antoine Faivre, "associe a carne à chama".[2] Da disseminação e da aceitação generalizada disso depende a sociedade ideal (ou, pelo menos, uma sociedade melhor). Porém o esoterismo adverte: não devemos simplesmente pegar o antigo mapa e, qualificando-o "casualmente" de visão de mundo pré-moderna, modernizá-lo para que leve em conta a metodologia e os dados (quantitativos) científicos modernos. Heindel afirmou que a "Religião do Pai" sucederia à (presente) "Religião do Filho".[3] Isso diz respeito a uma compreensão do espírito e *seu* contexto (o universo que é sempre o mesmo e sempre novo), depois de uma compreensão da alma (consciência) e seu contexto (o Atman-Brahman habitual).

O DESAFIO DO SOL

O desafio do sol é também o desafio da terra, de outros "objetos" cósmicos e da interpretação dos Mistérios arcaicos. Nos escritos teosóficos vemos três sóis comumente referirem-se: 1) ao sol físico comum que vemos, 2) a nosso Logos Solar como Deus e 3) a um Homem Solar em planos cósmicos. Outro sol (4) seria o Sol dos Mistérios arcaicos, que é o nome *simbólico* de um princípio/corpo/centro (o centro da alma: Tiphereth na cabala). E ainda outro sol (5) seria o sol como símbolo – um arquétipo – do eu superior (seja como a alma ou – no caso da alquimia – como o espírito). Aparentemente, apenas os sóis (1) e (5) seriam reconhecidos pelos pensadores transpessoais e, portanto, existe *um* quadro do novo universo, que na verdade é simplesmente o quadro materialista comum arrumado em camadas (com sóis e planetas, para não mencionar outras entidades cósmicas que não foram brindadas com um *status* ontológico "superior" ao do homem). *Objetos* cósmicos de diferentes tamanhos, sim; *psiques* cósmicas de diferentes tamanhos, com o máximo potencial da consciência do homem sendo simplesmente uma comunhão na consciência do corpo de um ser planetário ou solar já presente, não. Aparentemente o esoterismo teria cinco preocupações elementares no que diz respeito a esse quadro:

1. Não há Atman-Brahman como a consciência do corpo/Mônada do nosso Homem Planetário.

2. Não há planos/seres de consciência ao longo de todo o percurso em direção ascendente.

3. Não há níveis de sistemas logoicos com simultaneidade de sistemas de ponto-linha-círculo.

4. Há uma tendência a simplesmente pôr a Grande Cadeia da Existência a seu lado, reconhecendo a evolução da consciência, mas não a Sempreternidade espiritual. (Alguns seguidores do Tradicionalismo, é preciso dizer, têm a tendência oposta).

5. Sem uma compreensão "vertical", *aqui e agora*, da Realidade Divina, é difícil aceitar uma *Superbia* (um "Reino de Deus") – e talvez também a hipótese de que um "Mestre Mundial" volte dela (esperança e ensinamento de muitas religiões do mundo).

Que fique claro: a preocupação é com o que poderia ser chamado de quadro-padrão do novo paradigma, no qual existem as *ideias* de holarquia, *autopoiesis* (autocriação), auto-organização e evolução qualitativa (como as há no quadro esotérico). Porém, a holarquia do esoterismo refere-se a uma hierarquia de seres-deuses sencientes, a autopoiesis e a auto-organização referem-se a sistemas logoicos (sistemas de ponto-linha-círculo que se auto-originam e depois "se resolvem") e a evolução qualitativa é intelectualmente inescrutável e tem o Sempreterno como pano de fundo. "Tu deves elevar a mente no *espírito* e considerar como *toda a natureza* [...] é, reunida, o *corpo* [consciência do corpo] [...] de Deus", disse Jacob Boehme[4] (ver a próxima seção, sobre o quinquedimensional). Um aspecto raramente discutido é a necessidade que tem a filosofia perene de ser à prova do tempo, isto é, não apenas de ter sido verdadeira há mil ou um bilhão de anos, mas também de ser verdadeira dentro de mil ou um bilhão de anos. Nenhum esquema que se apresente como *o* Grande Desígnio e se prenda a uma ciência de Personagem (ou quantitativa) pode ser, *por* esse vínculo, o grande quadro (ainda que seja um quadro "aperfeiçoado").

O DESAFIO DO TEMPO E DE MAYA

A própria existência da mente dos Personagens se reduz à consciência de seu autor, estando nela contida, diz o esoterismo. Aí está o desafio do tempo e de Maya. "A visão racionalística esquece inteiramente que tudo que ela possa expressar com relação ao universo *continua sendo um conteúdo da consciência humana*", diz Titus Burckhardt.[5] E Schuon afirma: "A ciência profana, ao tentar penetrar nas profundezas do mistério das coisas que contêm – espaço, tempo, matéria, energia –, esquece o mistério das coisas *que estão contidas*".[6] A realidade nos tem – e sempre nos teve – em suas mãos. Podemos ler a "nova física" (que postula ou contempla *algum tipo* de fundamento divino por trás do universo sensível) à luz da Tradição revelada, diz Antoine Faivre, mas "passamos injustamente de uma metafísica nascida de uma nova epistemologia [verdadeira filosofia] para uma "gnose' nascida do resultado de experimentos levados a termo pelos meros 'olhos da carne'",[7] que são os olhos do Personagem.

O homem é um autômato – do ponto de vista do eu iluminado, o eu "anterior" na verdade não estava vivo. Haveria uma vida que é sempre a mesma e sempre nova acompanhando o universo que é sempre o mesmo e sempre novo, e esse universo está situado na Sempreternidade. "O corpo [o Personagem] pode conhecer apenas o corpo [seu mundo]; o espírito pode conhecer apenas o espírito", disse Rudolf Steiner.[8] Existe a ideia de percepção tridimensional (o mundo "ficcional" ordinário visto), a ideia de percepção quadridimensional (a alma vista; refere-se ao tempo da Consciência e ao "espaço" que o acompanha, que é o ambiente da(s) Alma(s)) e a ideia de percepção quinquedimensional (o espírito visto; refere-se à Sempreternidade e ao espaço que a acompanha – que é o novo mesmo universo). O desafio do tempo, na verdade, é o desafio da percepção dimensional. E o desafio de Maya é o desafio do universo que é sempre o mesmo e sempre novo e de uma correta relação vida a vida com ele. A esse propósito, diz Purucker:

> Quando o homem se sente um com tudo que é; quando ele sente que a consciência que chama de sua não é senão uma centelha divina, por assim dizer, de uma Consciência mais vasta, na qual ele vive, e que os próprios átomos que compõem seu corpo são feitos de vidas infinitesimais que preenchem esses átomos e os tornam o que são; quando ele sente que pode percorrer os caminhos do seu próprio espírito, numa união mais direta e estreita com uma Entidade autoconsciente ainda mais sublime que seu próprio apogeu: ele não apenas tem uma aguda sensação de sua própria alta dignidade humana, mas também olha para o universo a seu redor e então vê seu coração crescer e sua mente se expandir em compaixão, amor e benevolência diante de todos os demais seres e entidades e coisas. Vastas extensões de consciência abrem-se-lhe como sendo seu próprio futuro; o dever assume um aspecto novo e gloriosamente alvissareiro; o certo torna-se a lei de seu viver, e a ética deixa de ser um código mais ou menos tedioso de ensinamentos abstratos para tornar-se máximas muito vivas e vitais de conduta.[9]

A meta é "levar os reinos da terra à concórdia harmônica com o reino do espaço", escreveu Manly Hall.[10] Os desafios da visão esotérica aqui apresentados são, conforme vemos, fundamentais e inter-relacionados. Boa parte do esoterismo é psicológica – ou seja, está relacionada ao nos-

161

so sistema cósmico, mas o esoterismo vai além do que simplesmente jaz no fim de *nossa* linha hermética. Existem Deuses – seres de consciência e sistemas logoicos – ao longo de todo o percurso em direção ascendente, e o mapa do esoterismo coloca o espírito em *seu* contexto, e não apenas a consciência em seu contexto. O esoterismo reconhece também que há um momento em que o misticismo se transforma em ocultismo, e o pós-graduando em gnosiologia se torna um verdadeiro cosmologista (o que o torna doutor em gnosiologia).

Repetindo o argumento anteriormente traçado, o problema de alguns seguidores do Tradicionalismo é uma tendência a ver apenas o "instantâneo" do Sempreterno, com Deus e as energias espirituais imediatas, mas não a realidade psíquica da evolução da consciência. Assim, a seu ver, houve simplesmente uma degeneração da civilização humana, e não também um "progresso" em termos psíquicos. O problema do pensador puramente evolucionista é a tendência a ver apenas a evolução material ou psíquica (no caso da psíquica, é uma evolução distribuída em camadas sobre uma cosmologia quantitativa e uma cosmogênese material), mas não o Sempreterno ou universo vertical aqui e agora. *Não* se trata de uma evolução *ou* de uma Grande Cadeia estática, diz o esoterismo, mas de *ambas*. E o problema de alguns estudiosos do esoterismo ocidental – que, de resto, poderiam simplesmente afirmar esses desafios *conceituais* – é precisamente aquele contra o qual advertiu Jâmblico. O autor contempla um futuro no qual haverá um "esoterismo quimérico", destituído de doutrinarismo e concordismo, mistificação e análise oca, com base na percepção do novo mesmo universo que é.

> Escuta-me, que rogo não incorrer em falta com o conhecimento, que corresponde a nossa essência; enche-me de Teu Poder e, com essa Graça Tua, levarei a Luz aos de minha Raça que estão na ignorância, meus Irmãos e Filhos Teus. Tenho fé e dou fé; vou à Vida e à Luz. Bendito sejas, ó Pai. Teu Homem quer ajudar-te na obra de sacralização, pois que Tu lhe deste toda a Tua potência.
>
> De *Poimandres*[11]

Notas

INTRODUÇÃO

1. Para esse tipo de consulta, recomendamos as obras de referência habituais: Antoine Faivre e Jacob Needleman, orgs., *Modern Esoteric Spirituality* (Nova York: The Crossroad Publishing Company, 1992) e Wouter J. Hanegraaff, org., em colaboração com Antoine Faivre, Roelof van den Broek e Jean-Pierre Brach, *Dictionary of Gnosis and Western Esotericism* (Leiden: E. J. Brill, 2005).
2. W. T. S. Thackara, "The Perennial Philosophy", *Sunrise: Theosophical Perspectives*, abril/maio de 1984, http://www.theosociety.org/pasadena/sunrise/33-83-4/ge-wtst.htm.
3. Frances A. Yates, *Giordano Bruno and the Hermetic Tradition* (Nova York: Random House, 1969), p. 14. [*Giordano Bruno e a Tradição Hermética*, publicado pela Editora Cultrix, São Paulo, 1987.]
4. Aldous Huxley, *The Perennial Philosophy* (Nova York: Harper & Row, 1990), pp. viii-ix. [*A Filosofia Perene*, publicado pela Editora Cultrix, São Paulo, 1991.] (fora de catálogo)
5. *Ibid.*, p. 34.
6. *Ibid.*, p. 33.
7. *Ibid.*, p. 21.
8. Wouter J. Hanegraaff, "Some Remarks on the Study of Western Esotericism", *Esoterica*, Volume 1, 1999, http://www.esoteric.msu.edu/hanegraaff.html.
9. Antoine Faivre, *Access to Western Esotericism* (Albany, NY: State Uni-

versity of New York Press, 1994), 10. Na opinião de Pierre Riffard, o esoterólogo seria o estudioso que segue o "método externo" para chegar ao conhecimento do esoterismo, ao passo que o "esoterósofo" seria o indivíduo que segue o "método interno" (ver "The Esoteric Method" em Antoine Faivre e Wouter J. Hanegraaff, orgs., *Western Esotericism and the Science of Religion*, Leuven: Peeters, 1998, pp. 63-74).

10. Arthur Versluis, "Mysticism, and the Study of Esotericism: Methods in the Study of Esotericism, Part II", *Esoterica*, Volume 5, 2003, http://www. esoteric.msu.edu/volumev/mysticism.htm.

11. Citado em Basarab Nicolescu, *Science, Meaning & Evolution: The Cosmology of Jacob Boehme* (Nova York: Parabola Books, 1991), p. 15.

12. Jacob Needleman, "Introduction II", em Antoine Faivre e Jacob Needleman, orgs., *Modern Esoteric Spirituality* (Londres: SCM Press Ltd, 1993), p. xxv.

13. Hanegraaff, "Some Remarks on the Study of Western Esotericism".

14. William W. Quinn, Jr., *The Only Tradition* (Albany, NY: State University of New York Press, 1997), p. 343.

15. *Ibid.*, p. 339.

16. Versluis, "Mysticism, and the Study of Esotericism: Methods in the Study of Esotericism, Part II".

17. Antoine Faivre foi quem primeiro forneceu uma definição do esoterismo como campo de investigação (ver *Access to Western Esotericism*, pp. 3-35). Todas as definições dos temas ou preocupações que, juntos, constituem o esoterismo como "forma de pensamento" (para usar a expressão de Faivre) podem ser debatidas e usadas heuristicamente, é claro – isto é, são úteis intradisciplinarmente. Porém isso ainda é girar em torno do verdadeiro material. Kocku von Stuckrad propôs que, em vez de um esoterismo de tipo sistêmico, pensássemos num "campo esotérico de discurso" na autoexpressão cultural ocidental. Isso teria o propósito de não separar – logo de início – o esoterismo da religião, ciência e filosofia tradicionais, permitindo-nos, desse modo, compreender "a complexidade da história cultural europeia sem opor a religião à ciência, o cristianismo ao paganismo nem a razão à superstição (Kocku von Stuckrad, *Western Esotericism: A Brief History of Secret Knowledge*, Londres: Equinox, 2005, pp. 6-11).

Podemos detectar aqui a forte influência da filosofia continental, que se move centripetamente em direção à irredutibilidade da subjetividade humana (ver também a nota 19 abaixo) e, em especial, à política da linguagem. Não há nada de errado com essa abordagem "continental" *per se*, mas quando se trata de um ponto de partida adequado para o estudo do esoterismo, não se deve deixar que a pós-modernização da disciplina feche ou negue a porta pela qual o estudioso-*praticante* sai e retorna com "conhecimento por identidade", em vez de mero "conhecimento sobre" (para uma discussão disso, consulte Robert K. C. Forman, *Mysticism, Mind, Consciousness*, Albany, NY: State University of New York Press, 1999, pp. 10-127).

18. Jean d'Espagnet, *The Hermetic Arcanum* [1623], The Alchemy Web Site, http://www.alchemywebsite.com/harcanum.html.

19. No livro *Philosophy in World Perspective: A Comparative Hermeneutic of the Major Theories* (New Haven e Londres: Yale University Press, 1989), Dilworth identifica quatro vozes perspectivas na filosofia. A primeira é a *objetiva*: essa é a voz do realismo, que afirma a existência de uma realidade independente do observador. A segunda é a *pessoal*: essa é a voz do existencialismo, que afirma a irredutibilidade da subjetividade humana. A terceira é a *disciplinar*: essa é a voz da analiticidade, que afirma a não finalidade do projeto filosófico. E a quarta é a *diáfana*: essa é a voz do fervor religioso, que afirma a existência de um Deus e uma verdade suprema. Entre as características da expressão diáfana incluem-se: a) a emissão de asserções categóricas sem (necessariamente) fornecer provas empíricas, testemunhais ou argumentativas e b) o apelo à "natureza superior" do leitor para a compreensão (e, com isso, também a aceitação) da intenção do autor e do que este quer dizer. Dilworth coloca Platão, Plotino, Hegel, Spinoza e Schelling entre os filósofos ocidentais que empregaram a expressão diáfana, mas a tradição da expressão diáfana remonta a uma época anterior à filosofia escrita porque ela é "a voz-padrão dos textos religiosos" (*ibid.*, p. 27). Hoje em dia, a maioria dos departamentos de filosofia e estudos religiosos adota a voz disciplinar porque, na ausência percebida de um "destino" final (Deus) e uma verdade suprema (filosofia perene), o holofote da mente humana precisa voltar-se para suas próprias criações.

Assim, ensina-se aos alunos que sempre contextualizem e analisem criticamente as opiniões. Porém, como diz Huston Smith em *Beyond the Postmodern Mind* (Wheaton, IL: Quest Books, 1996), a tarefa fundamental dos centros de aprendizagem de uma civilização é manter a *vitalidade* dessa civilização. Isso só pode ser feito se a "imagem nobre do homem" [isto é, o homem como essencialmente divino] for mantida viva (*ibid.*, p. 120). Isso é justamente o que não está ocorrendo hoje porque nossas universidades insistem no raciocínio crítico e na expressão disciplinar, em detrimento do *insight* espiritual e da expressão diáfana.

20. O autor concordaria com Hanegraaff em que o "primeiro passo necessário para o estabelecimento do estudo do esoterismo como atividade acadêmica séria seria distingui-lo claramente da perspectiva perenialista" ("On the Construction of 'Esoteric Traditions'", em *Western Esotericism and the Science of Religion*, p. 27). É aqui que a perspectiva perenialista é aquela que rejeita o esoterismo *fora* das principais religiões (reveladas) e, portanto, vê os ensinamentos das "escolas ocultistas" como pseudoesoterismo. Como se depreenderá do tom geral deste livro, o autor tem grande simpatia pela visão perenialista/tradicionalista, mas há uma forte tendência doutrinária no Tradicionalismo; uma tendência a substituir princípios filosóficos *por aquilo para que eles simplesmente apontam e que se descobre por meio da prática gnóstica*. Diz um provérbio zen que "é preciso um dedo para se apontar para a lua, mas quando a lua é vista, o dedo já não é necessário". O "dedo" que é o princípio da "unidade transcendente das religiões" simplesmente aponta para o esotérico que se encontra no religioso – o que é uma *orientação* manifesta na literatura e alhures. *Não* se pode dizer que o esotérico só se encontre nas principais religiões – é graças a essa base errônea que Whitall N. Perry, por exemplo, descarta H. P. Blavatsky e G. I. Gurdjieff ("The Revival of Interest in Tradition", em Ranjit Fernando, org., *The Unanimous Tradition: Essays on the Essential Unity of All Religions*, Colombo: The Sri Lanka Institute of Traditional Studies, 1991, p. 16). Voltando a Hanegraaff, a perspectiva perenialista que, contudo, não é doutrinária – que simplesmente afirma a realidade do Intelecto Divino (e, por extensão, de um *corpus* Divino de conhecimento, para buscar

aquilo que é a busca por excelência) – é uma visão inteiramente conforme às origens e à tendência geral da tradição filosófica ocidental.

Capítulo 1

1. "A implicação da doutrina do Concílio de Niceia", diz Joseph Macchio, "é de que Jesus como Deus, o Logos, o Próprio Deus, simplesmente assumiu um corpo e uma natureza humana (ou uma aparência humana) com o fim de salvar a humanidade. Ele não precisava seguir um caminho para a realização nem lutar pela união com Deus. Portanto, Jesus na verdade não era um homem – ele era o Deus eterno com aparência humana". Macchio prossegue: "A fórmula acima também torna desnecessário que as pessoas sigam Jesus. Não há nenhuma razão para tentar vivenciar as 'iniciações' por ele experimentadas. As doutrinas esotéricas dos gnósticos acerca Dele, *que ensinavam ao homem como atingir o nível de potência e conhecimento espiritual de Jesus*, assim se tornam supérfluas". (Joseph P. Macchio, *The Orthodox Suppression of Original Christianity*, 2003, www.essenes. net/conspireindex.html). Ensinamentos supérfluos e, desde então, heréticos. O resultado, ao longo dos séculos subsequentes, foi a destruição de muitos escritos gnósticos (e herméticos) e a perseguição de vários grupos gnósticos/herméticos, cujos ensinamentos e cuja simples existência punham em risco a autoridade e o poder da Igreja. O Concílio de Niceia ocorreu durante o reinado do imperador romano cristão Constantino (272-337). Seu sucessor Juliano (331-363) foi o último imperador pagão de Roma, defensor particularmente dos neoplatônicos e dos caldeus, como se vê em sua *Oration upon the Sovereign Sun* (c. 351) e em outras obras. Outra data importante em nossa história é 869, quando o 8º Concílio Inter-religioso decretou para o homem a dualidade corpo/alma, e não a triplicidade corpo/alma/espírito (prerrogativa exclusiva de Cristo). Assim, junto com a doutrina de Santo Agostinho do pecado original, temos: a) Jesus Cristo era essencialmente divino (nós não somos), b) nós, na verdade, somos intrinsecamente pecadores e c) nossa única salvação está na fé (não na gnose) e na obediência aos mandamentos da Igreja (não a nossa própria natureza, ainda que seja como a de Cristo).

2. Stephan A. Hoeller, *Gnosticism: New Light on the Ancient Tradition of Inner Knowing* (Wheaton, IL: Quest Books, 2002), p. 188.

3. David Brons, "The Valentinian View of the Creation", 2003, http://www.gnosis.org/library/valentinus/Valentinian_Creation.htm.

4. Manly P. Hall, *Journey in Truth* (Los Angeles: Philosophical Research Society, 1945), p. 49.

5. Manly P. Hall, *Lectures on Ancient Philosophy: An Introduction to Practical Ideals* (Los Angeles: Philosophical Research Society, 1984), p. 272.

6. Peter Kingsley, *Reality* (Inverness, CA: The Golden Sufi Center Publishing, 2003), pp. 359-60.

7. Manly P. Hall, *The Wisdom of the Knowing Ones: Gnosticism: The Key to Esoteric Christianity* (Los Angeles: Philosophical Research Society, 2000), p. 116.

8. Antoine Faivre, "Ancient and Medieval Sources of Modern Esoteric Movements", em *Modern Esoteric Spirituality*, p. 11.

9. O *Corpus Hermeticum* faz parte do corpo mais amplo de escritos herméticos, a *Hermetica*, que inclui a *Tabula Smaragdina Hermetis* (*Tábua de Esmeralda*) de Hermes.

10. Gilles Quispel, "The Asclepius: From the Hermetic Lodge in Alexandria to the Greek Eucharist and the Roman Mass". Em Roelof van den Broek e Wouter J. Hanegraaff, orgs., *Gnosis and Hermeticism from Antiquity to Modern Times* (Albany, NY: State University of New York Press, 1998), p. 74.

11. G. R. S. Mead, [1906] *Thrice Greatest Hermes: Studies in Hellenistic Theosophy and Gnosis*, The Gnostic Society Library, http://www.gnosis.org/library/hermes10.html.

12. Citado em David Loy, *Nonduality: A Study in Comparative Philosophy* (Atlantic Highlands, NJ: Humanities Press International, 1997), p. 1.

Capítulo 2

1. A palavra "rosacrucianismo" provém de um suposto Christian Rosenkreuz ("Rosa-Cruz"), mestre hermético que pode ter vivido no século XIV, mas cujo nome não deixa de ser simbólico e cuja história e ensinamentos figu-

ram numa série de textos surgidos no início do século XVII. Os rosacrucianistas creem numa tradição de origem antiga e transocidental, a qual tem como guardiã uma fraternidade de Adeptos.

2. O martinismo provém historicamente da escola e do sistema teúrgico chamado *Elus Cohen*, criado por Martinez de Pasqually (1727-1774), e da filosofia mística de seu discípulo Louis-Claude de Saint-Martin (1743-1803). Ambos teriam sido, supostamente, herdeiros de uma tradição iniciática hermético-cristã que se estendeu aos Cátaros e aos Templários. Posteriormente, Gérard Encausse, conhecido como Papus (1865-1915), fundou uma Ordem Martinista que pregava um Caminho Interior de reintegração (da consciência).

3. Em 1993 houve mais um Parlamento Mundial de Religiões, que produziu a declaração "Por uma ética global", e outro em 1999, que gerou a declaração "Apelo a nossas instituições mais importantes". Pediu-se aos participantes da conferência que investigassem profundamente suas próprias tradições religiosas, a fim de trazer sabedoria (e não doutrina) para a mesa, e que se concentrassem no que deveria ser feito diante dos males e do sofrimento do mundo (e não nas relações existentes entre as diferentes religiões). A intenção era promover uma unificação no nível da ética e da ação pragmática. O espírito do movimento Inter-religioso em geral rejeita o sincretismo, como também o relativismo e o indiferentismo. Alguns de seus partidários acreditam que a unidade seja alcançável por meio de nossa espiritualidade inter-religiosa comum, ao passo que outros acreditam que ela ocorrerá por meio de uma luta comum contra a guerra, a pobreza, a espoliação ambiental e a injustiça. Ao contrário das discussões inter-religiosas "oficiais", nas quais a organização anfitriã às vezes tem uma agenda própria, as organizações ligadas ao movimento Inter-religioso não mandam todos os convites do mesmo endereço, por assim dizer.

4. Richard Tarnas, *The Passion of the Western Mind: Understanding the Ideas That Have Shaped Our World View* (Londres: Pimlico, 1996), p. 310.

5. Jean Borella, "René Guénon and the Traditionalist School", em *Modern Esoteric Spirituality*, p. 331.

6. William W. Quinn, Jr., *The Only Tradition*, p. 44.

7. Mead, *Thrice Greatest Hermes*, http://www.gnosis.org/library/hermes5.html.

8. Frithjof Schuon, "Sophia Perennis and the Theory of Evolution and Progress", 2001, http://www.frithjof-schuon.com/evolution-engl.htm.

9. Philip Sherrard, "How Do I See the Universe and Man's Place in It?" (comunicação apresentada na conferência Modern Science and Traditional Religions Consultation, Windsor, Inglaterra, março de 1976), http://www.incommunion.org/articles/older-issues/the-universe-and-mans-place-in-it.

10. Smith, *Beyond the Postmodern Mind*, p. 157.

11. Schuon, "Sophia Perennis".

12. Ananda K. Coomaraswamy, *Selected Papers: Metaphysics* (Princeton, NJ: Princeton University Press, 1977), p. 14.

13. Smith, *Beyond the Postmodern Mind*, pp. 53-4.

14. Frithjof Schuon, *Light on the Ancient Worlds* (Bloomington, IN: World Wisdom Books, 1984), p. 111.

15. Smith, *Beyond the Postmodern Mind*, p. 66.

16. James S. Cutsinger, "An Open Letter on Tradition", 2001, http://www.cutsinger.net/pdf/letter.pdf.

17. Esclarecendo: conforme é usado aqui (e no resto do livro), o termo "gnosiologia" significa ciência da gnose, e não epistemologia.

18. Citado em Fernando, *The Unanimous Tradition*, p. 19.

19. Julius Evola, "On the Secret of Degeneration", *Deutsches Volkstum*, Número 11, 1938, http://pages.zoom.co.uk/thuban/html/evola.html.

20. Allan Combs, *The Radiance of Being: Complexity, Chaos and the Evolution of Consciousness* (St. Paul, MN: Paragon House, 1996), p. 75.

21. René Guénon, *The Reign of Quantity and The Signs of the Times* (Londres: Luzac & Company, 1953), p. 233.

22. *Ibid.*, p. 352, ênfase minha.

23. Frithjof Schuon, *The Transcendent Unity of Religions* (Wheaton, IL: Quest Books, 1993), p. 3.

24. *Ibid.*, p. 14.

25. Schuon, "Sophia Perennis".

Capítulo 3

1. Quinn, *The Only Tradition*, p. 113.
2. Alice A. Bailey, *Initiation, Human and Solar* (Londres e Nova York: Lucis Trust, 1992), p. x.
3. Joscelyn Godwin, *The Theosophical Enlightenment* (Albany, NY: State University of New York Press, 1994), p. 377.
4. Antoine Faivre, *Theosophy, Imagination, Tradition: Studies in Western Esotericism* (Albany, NY: State University of New York Press, 2000), p. 20.
5. Godwin, *The Theosophical Enlightenment*, p. 379.
6. Para um breve relato das origens e divisões da Sociedade Teosófica, consulte Robert Ellwood, *Theosophy: A Modern Expression of the Wisdom of the Ages* (Wheaton, IL: Quest Books), pp. 211-16.
7. G. de Purucker, *The Esoteric Tradition* (Pasadena, CA: Theosophical University Press, 1940), capítulo 6, http://www.theosociety.org/pasadena/et/et-6.htm.
8. Citado em Franz Hartmann, *The Life of Paracelsus and the Substance of his Teachings* (San Diego: Wizards Bookshelf, 1985), p. 196.
9. Heinrich Cornelius Agrippa, *De Occulta Philosophia* (edição digital de Joseph H. Peterson, 2000), livro II, parte 2, capítulo LV, http://www.esotericarchives.com/agrippa/agripp2d.htm.
10. Hall, *Lectures on Ancient Philosophy*, p. 29.
11. H. P. Blavatsky, [1888] *The Secret Doctrine: The Synthesis of Science, Religion, and Philosophy* (Pasadena, CA: Theosophical University Press, 1988), vol. I. p. 594. [*A Doutrina Secreta*, vol. I, publicado pela Editora Pensamento, São Paulo, 1980.]
12. Alice A. Bailey, *A Treatise on Cosmic Fire* (Londres e Nova York: Lucis Trust, 1989), p. 272.
13. *Ibid.*, p. 257.
14. Brett Mitchell, *The Sun is Alive: The Spirit, Consciousness, and Intelligence of our Solar System* (Carlsbad, CA: Esoteric Publishing, 1997), p. 94.
15. Blavatsky, *The Secret Doctrine*, vol. I, p. 39.
16. Max Heindel, *The Rosicrucian Cosmos-Conception or Mystic Christianity* (Oceanside, CA: The Rosicrucian Fellowship, 1992), p. 179.

17. Huston Smith, *The World's Religions: Our Great Wisdom Traditions* (Nova York: HarperCollins, 2001), p. 72. [*As Religiões do Mundo*, publicado pela Editora Cultrix, São Paulo, 2001.]

18. Blavatsky, *The Secret Doctrine*, vol. I, p. 40.

19. Annie Besant, *The Ancient Wisdom: An Outline of Theosophical Teachings* (Adyar, Madras: The Theosophical Publishing House), p. 37.

20. Blavatsky, *The Secret Doctrine*, vol. I, p. 542.

21. Sri Krishna Prem, *The Yoga of the Bhagavat Gita* (Londres: John Watkins, 1958), p. 196.

22. Alice A. Bailey, *A Treatise on White Magic or The Way of the Disciple* (Londres e Nova York: Lucis Trust, 1991), p. 339.

23. Sherrard, "How Do I See the Universe".

24. Blavatsky, *The Secret Doctrine*, vol. I, p. 633.

25. *Ibid.*, p. 520, ênfase minha.

26. *Ibid.*, p. 107.

27. Hall, *Lectures on Ancient Philosophy*, p. 416.

28. O Oitavo é a *Ogdóada*; o Nono é a *Enéada*. Esses são dois dos dez números pitagóricos. De 1 a 10: *Mônada, Díada, Tríada, Tétrada, Pêntada, Héxada, Héptada, Ogdóada, Enéada, Década*. O Empíreo é também o *Primum Mobile* (esfera do "Primeiro Móvel") na astronomia ptolemaica – o décimo, se considerarmos a Terra o primeiro, depois os planetas (do segundo ao oitavo) e, por fim, as estrelas (o nono).

29. G. de Purucker, *The Doctrine of the Spheres*, vol. VII, *Esoteric Teachings* (San Diego, CA: Point Loma Publications, 1987), p. 44.

Capítulo 4

1. Jacob Boehme, [1622] *Of Regeneration, or the New Birth*, capítulo 6, Christian Classics Ethereal Library, http://www.ccel.org/b/boehme/way/regeneration.html.

2. Consulte Arthur Versluis, *Wisdom's Children: A Christian Esoteric Tradition* (Albany, NY: State University of New York Press, 1999), pp. 323-24.

3. *Ibid.*, p. 132.

4. Citado em *Ibid.*

5. *Ibid.*, p. 290.

6. Citado em Nicolescu, *Science, Meaning, & Evolution*, p. 230.

7. Jacob Boehme, [1622] *The Supersensual Life, or The Life Which is Above Sense*, primeiro diálogo, Christian Classics Ethereal Library, http://www.ccel.org/b/boehme/way/supersensual_life.html.

8. *Ibid.*

9. *Ibid.*, segundo diálogo.

10. Versluis, *Wisdom's Children*, p. 145.

11. Boehme, *Of Regeneration*, capítulo 8.

12. *Ibid.*, capítulo 4.

13. Nicholas Goodrick-Clarke, org., *Helena Blavatsky* (Berkeley, CA: North Atlantic Books, 2004), p. 176.

14. Gershom Scholem, *Major Trends in Jewish Mysticism* (Nova York: Schocken, 1961), pp. 398-99.

15. Leo Schaya, "Some Universal Aspects of Judaism", em *The Unanimous Tradition*, p. 60.

16. Z'ev ben Shimon Halevi, *The Way of the Kabbalah* (Boston, MA: Weiser, 1976), p. 85.

17. *Ibid.*, p. 213.

18. Y. Ashlag, "The Teachings of the Ten Sefirot", Bnei Baruch World Center for Kabbalah Studies, 1996, http://www.kabbalah.info/engkab/commentary.htm.

19. Antoine-Joseph Pernety, [1758?] *A Treatise on The Great Art: A System of Physics According to Hermetic Philosophy and Theory and Practice of the Magisterium* (edição eletrônica da Flaming Sword Productions, 1997, p. 12), http://www.hermetics.org/pdf/alchemy/The_Great_Art.pdf.

20. Uma lista mais completa (excluindo as alquimias chinesa e indiana) incluiria Bolos de Mendes (c. século II a.C.), Zózimo de Panópolis (c. século III), Sinésio (c. século IV), Morienus (c. século VII), Jabir ibn Hayyan (c. 760-815), Al-Razi (866-925), Avicena (980-1037), Al-Tughrai (1063-1120), Alberto Magno (c. 1200-1280), Roger Bacon (c 1220-1292), Arnaldo de Villanova (c. 1235-1312), John Dee (1527-1608), Jean d'Espagnet

(1564-1637), Michael Maier (1568-1622), Thomas Vaughan (1621-1666), Antoine-Joseph Pernety (1716-1801) e Mary Anne Atwood (1817-1910).

21. Titus Burckhardt, *Alchemy: Science of the Cosmos, Science of the Soul* (Shaftesbury: Element Books, 1986), p. 26.

22. Maurice Aniane, "Notes on Alchemy the Cosmological 'Yoga' of Medieval Christianity", *Material for Thought*, primavera de 1976, http://www.giurfa.com/alchemy.html.

23. Julius Evola, *The Hermetic Tradition: Symbols & Teachings of the Royal Art* (Rochester, VT: Inner Traditions International, 1971), p. 27.

24. Faivre, *Access to Western Esotericism*, p. 168.

25. Burckhardt, *Alchemy*, p. 183.

26. *Ibid*., p. 189, ênfase minha.

27. Aniane, "Notes on Alchemy".

28. *The Six Keys of Eudoxus* (s.d.), primeira chave, The Alchemy Web Site, http://www.alchemywebsite.com/eudoxus.html.

29. Marsílio Ficino, [1518?] *Book of the Chemical Art*, capítulo 16, The Alchemy Web Site, http://www.alchemywebsite.com/ficino/html.

30. Aniane, "Notes on Alchemy".

31. *The Six Keys of Eudoxus*, quarta chave.

32. Antoine Faivre reconhece na Obra sete estágios: o estágio Negro = 1) Destilação, 2) Calcinação, 3) Putrefação e 4) Solução-Dissolução, o estágio Branco = 5) Coagulação e 6) Vivificação e o estágio Vermelho = 7) Multiplicação ou Projeção (*Access to Western Esotericism*, pp. 168-69).

33. d'Espagnet, *The Hermetic Arcanum*.

Capítulo 5

1. Citada em Goodrick-Clarke, *Helena Blavatsky*, p. 197.

2. Bailey, *A Treatise on Cosmic Fire*, p. 829.

3. Heindel, *The Rosicrucian Cosmos-Conception*, p. 415.

4. Ellwood, *Theosophy*, p. 10.

5. Robert Ellwood, *Frodo's Quest: Living the Myth in The Lord of the Rings* (Wheaton, IL: Quest Books, 2002).

6. G. de Purucker, *The Path of Compassion* (Pasadena, CA: Theosophical

University Press, 1986), seção 2, http://www.theosociety.org/pasadena/fso/ptcom-2.htm.

7. R. Swinburne Clymer, *Compendium of Occult Laws* (Quakertown, PA: The Philosophical Publishing Company, 1966), capítulo 2, http://www.geocities.com/collectumhermeticus/compendium.htm.

8. Ellwood, *Theosophy*, p. 25.

9. Besant, *The Ancient Wisdom*, p. 323.

10. Purucker, *The Path of Compassion*, seção 2.

11. Niels Bronsted, "Initiation", *The Journal of Esoteric Psychology*, volume XII, número 1, primavera/verão de 1998: pp. 1-14.

12. J. S. Bakula, *Esoteric Psychology: A Model for the Development of Human Consciousness* (Seattle, WA: United Focus, 1978), p. 59.

13. Consulte Rudolf Steiner, *Occult Science: An Outline* (Londres: Rudolf Steiner Press, 1979), p. 277.

14. Bronsted, "Initiation".

15. Swami Rajarshi Muni, *Yoga: The Ultimate Spiritual Path* (St. Paul, MN: Llewellyn Publications, 2001), p. 138.

16. Citado em Robert K. C. Forman, "What Does Mysticism Have to Teach Us About Consciousness?", *The Journal of Consciousness Studies*, Volume 5, Número 2, 1998.

17. Plotino, [c. 250] *The First Ennead*, terceiro tratado, Christian Classics Ethereal Library, http://www.ccel.org/ccel/plotinus/enneads.ii.iii.html.

18. Paul Brunton, *The Quest of the Overself* (Londres: Rider Books, 1996), pp. 314-15.

19. Boehme, *The Supersensual Life*, segundo diálogo.

Capítulo 6

1. Purucker, *The Path of Compassion*, seção 2.

2. Brunton, *The Quest of the Overself*, p. 330.

3. Barbara Domalske, "Three Essentials of Disciples", *The Beacon*, Volume LVIII, Número 2, março/abril de 1999.

4. Besant, *The Ancient Wisdom*, p. 330.

5. Rudolf Steiner, *How to Know Higher Worlds: A Modern Path of Initiation* (Great Barrington, MA: Anthroposophic Press, 1994), p. 139.
6. Besant, *The Ancient Wisdom*, p. 332.
7. Rudolf Steiner, *Esoteric Development: Selected Lectures and Writings* (Great Barrington, MA: SteinerBooks, 2003), p. 75.
8. Muni, *Yoga*, p. 86.
9. Steiner, *Occult Science*, p. 263.
10. *Ibid.*, p. 295.
11. Alice A. Bailey, *From Intellect to Intuition* (Londres e Nova York: Lucis Trust, 1987), p. 99.
12. Steiner, *Occult Science*, p. 235.
13. Dan Merkur, "Stages of Ascension in Hermetic Rebirth", *Esoterica*, volume 1, 1999, http://www.esoteric.msu.edu/merkur.html.
14. Steiner, *Occult Science*, p. 237.
15. *Ibid.*
16. Bailey, *Initiation, Human and Solar*, pp. 114-15.
17. *Ibid.*, p. 169.
18. Citado em Dan Merkur, *Gnosis: An Esoteric Tradition of Mystical Visions and Unions* (Albany, NY: State University of New York Press, 1993), p. 59, ênfase minha.
19. Steiner, *How to Know Higher Worlds*, p. 143.
20. Forman, *Mysticism, Mind, Consciousness*, p. 13.
21. Citado em Forman, "What Does Mysticism".
22. *Ibid.*

Capítulo 7

1. Bailey, *Initiation, Human and Solar*, p. 169.
2. Besant, *The Ancient Wisdom*, p. 337.
3. Zachary F. Lansdowne, *The Rays and Esoteric Psychology* (York Beach, ME: Samuel Weiser, 1989), p. 35, ênfase minha. [*Os Raios e a Psicologia Esotérica*, publicado pela Editora Pensamento, São Paulo, 1993.]
4. Bakula, *Esoteric Psychology*, p. 61.
5. Steiner, *Occult Science*, p. 289.

6. Bailey, *The Rays and The Initiations*, p. 584.

7. *Ibid.*, p. 578.

8. *A Treatise on White Magic* (1934), de Bailey, concentra-se particularmente em ajudar o primeiro iniciado a navegar pelas "águas astrais". Isso tem uma relação claríssima com a tarefa que o primeiro iniciado empreende (e precisa empreender, caso não queira ficar preso à suas próprias fantasias de espiritualidade). Também é possível falarmos aqui da "Calcinação" do alquimista: tornar a consciência "seca", referindo-nos a transcender o plano do investimento na crença ou deixar para trás a religião.

9. Forman, "What Does Mysticism".

10. Mary Bailey, "Esoteric Schools", *The Beacon*, volume LVI, número 8, março/abril de 1996, p. 13.

11. Forman, "What Does Mysticism".

12. *The Six Keys of Eudoxus*, segunda chave.

13. Forman, "What Does Mysticism".

14. Steiner, *Occult Science*, p. 275.

15. Besant, *The Ancient Wisdom*, p. 78.

16. Bailey, *Initiation, Human and Solar*, p. 115.

17. Lansdowne, *The Rays and Esoteric Psychology*, 36. [*Os Raios e a Psicologia Esotérica*, publicado pela Editora Pensamento, São Paulo, 1993.]

18. Bronsted, "Initiation".

19. Citado em Merkur, *Gnosis*, p. 59.

20. Vera Stanley Alder, *The Initiation of the World* (York Beach, ME: Samuel Weiser, 2000), 188, ênfase minha.

21. C. W. Leadbeater, [1925] *The Masters and the Path*, parte III, capítulo 9, Anand Gholap Theosophical Group, http://www.anandgholap.net/Masters_And_Path-CWL.htm.

22. *Ibid.*

23. Allan Combs, *The Radiance of Being*, p. 138.

24. Aniane, "Notes on Alchemy".

25. Ficino, *Book of the Chemical Art*, capítulo 14, ênfase minha.

26. Halevi, *The Way of Kabbalah*, p. 187.

27. No livro *The Varieties of Religious Experience* (1902), William James também cita Malwida von Meysenburg: "Eu estava só na praia en-

quanto todos esses pensamentos libertadores e reconciliadores fluíam em mim, e novamente, como uma vez, muito antes, nos Alpes de Dauphine, fui obrigada a ajoelhar-me, dessa feita diante do ilimitado oceano, símbolo do Infinito. Senti que orava como nunca havia orado antes e soube então o que a oração realmente é: voltar da solidão da individuação à consciência da união com tudo que é, ajoelhar-se como mortal e levantar-se como imperecível. Terra, céu e mar ressoavam como se numa vasta harmonia que abarcasse o mundo inteiro. Era como se o coro de todos os grandes que já viveram ressoasse em mim. Senti-me unida a eles, e parecia-me ouvir sua saudação: tu também estás entre os vencedores". (preleções XVI e XVII, Council on Spiritual Practices, http://www.csp.org/experience/jamesvarieties/james-varieties16.html)

28. Forman, "What Does Mysticism". [*As Variedades da Experiência Religiosa*, publicado pela Editora Cultrix, São Paulo, 1992.] (Fora de catálogo)

29. Bailey, *Initiation, Human and Solar*, p. 117.

Capítulo 8

1. Kingsley, *Reality*, pp. 102-03.

2. Purucker, *The Path of Compassion*, seção 2.

3. Bailey, *Initiation, Human and Solar*, p. 89.

4. Jenny Wade, *Changes of Mind: A Holonomic Theory of the Evolution of Consciousness* (Albany, NY: State University of New York Press, 1996), p. 203.

5. *Ibid.*, p. 204.

6. Bakula, *Esoteric Psychology*, pp. 62-3.

7. Boehme, *The Supersensual Life*, segundo diálogo.

8. Burckhardt, *Alchemy*, p. 198.

9. Citado em Joseph Campbell, *The Inner Reaches of Outer Space: Metaphor as Myth and as Religion* (Nova York: Harper & Row, 1986), p. 67.

10. Evelyn Underhill, [1911] *Mysticism: A Study in the Nature and Development of Spiritual Consciousness*, parte 2, capítulo 9, Christian Classics Ethereal Library, http://www.ccel.org/ccel/underhill/mysticism.iv.ix.html.

11. John Nash, *The Soul and Its Destiny* (Bloomington, IN: Authorhouse, 2004), p. 254.
12. *Ibid.*, p. 255.
13. Steiner, *Occult Science*, p. 242.
14. *Ibid.*
15. Citado em Merkur, *Gnosis*, p. 60.
16. Alder, *The Initiation of the World*, p. 80.
17. Purucker, *The Path of Compassion*, seção 1, http://www.theosociety.org/pasadena/fso/ptcom-1.htm.
18. *Ibid.*
19. Besant, *The Ancient Wisdom*, p. 340.
20. Bailey, *A Treatise on Cosmic Fire*, p. 305.
21. Bailey, *Initiation, Human and Solar*, p. 90.
22. Leadbeater, *The Masters and the Path*, parte I, capítulo 1.
23. Purucker, *The Path of Compassion*, seção 2.
24. Boehme, *The Supersensual Life*, segundo diálogo.
25. Bailey, *A Treatise on Cosmic Fire*, p. 121.
26. Bailey, *The Rays and The Initiations*, p. 660.
27. Besant, *The Ancient Wisdom*, pp. 341-42.
28. Underhill, *Mysticism*, parte 2, capítulo 10, http://www.ccel.org/ccel/underhill/mysticism.iv.x.html.
29. *Ibid.*

Capítulo 9

1. *The Six Keys of Eudoxus*, quinta chave.
2. Aniane, "Notes on Alchemy".
3. Ficino, *Book of the Chemical Art*, capítulo 15, ênfase minha.
4. Nash, *The Soul and Its Destiny*, p. 272.
5. Alder, *The Initiation of the World*, pp. 80-1.
6. Muni, *Yoga*, p. 140.
7. Bailey, *A Treatise on Cosmic Fire*, p. 569.
8. Bailey, *Initiation, Human and Solar*, p. 106.

9. *Ibid.*, p. 123, ênfase minha.

10. *Ibid.*, p. 118.

11. Leadbeater, *The Masters and the Path*, parte III, capítulo 10.

12. Hall, *Lectures on Ancient Philosophy*, p. 334.

13. Leadbeater, *The Masters and the Path*, parte III, capítulo 15.

14. Bailey, *A Treatise on Cosmic Fire*, pp. 697 e 121.

15. Bailey, *Initiation, Human and Solar*, p. 123.

16. Blavatsky, *The Secret Doctrine*, vol. I, p. 573.

17. W. T. S. Thackara, "The Ancient Mysteries: A Great Light, A Force for Good", *Sunrise: Theosophical Perspectives*, novembro de 1978, http://www.theosociety.org/pasadena/sunrise/28-78-9/oc-wtst.htm.

18. Agrippa, *De Occulta Philosophia*, livro II, parte 2, capítulo LV, http://www.esotericarchives.com/agrippa/agripp2d.htm.

19. Purucker, *The Doctrine of the Spheres*, p. 44.

20. Purucker, *The Path of Compassion*, seção 2.

21. Merkur, *Gnosis*, p. 61.

22. Halevi, *The Way of the Kabbalah*, p. 214.

23. *Ibid.*

24. *Ibid.*, p. 216.

25. *Ibid.*

26. Purucker, *The Path of Compassion*, seção 1, ênfase minha.

27. Éliphas Lévi, *The Key of the Mysteries* (Londres: Rider & Company, 1977), p. 40, ênfase minha.

28. Bailey, *Initiation, Human and Solar*, pp. 7-8, ênfase minha.

29. Bailey, *The Rays and The Initiations*, pp. 697-98.

30. *Ibid.*

31. *Ibid.*, p. 162.

32. *Ibid.*

33. *Poemandres, the Shepherd of Man*, em Mead, *Thrice Greatest Hermes*, http://www.gnosis.org/library/hermes1.html.

34. Ashlag, "The Teachings of the Ten Sefirot".

35. Purucker, *The Path of Compassion*, seção 1.

Capítulo 10

1. Hall, *Lectures on Ancient Philosophy*, p. 11.
2. Tarnas, *The Passion of the Western Mind*, p. 285.
3. Por exemplo, Immanuel Kant (1724-1804), para quem o que vemos é aquilo que nossa razão – impondo às coisas sua própria ordem e organização – vê.
4. A visão construtivista foi popularizada por Steven Katz com o ensaio "Language, Epistemology, and Mysticism" (em Steven T. Katz, org., *Mysticism and Philosophical Analysis*, Nova York: Oxford University Press, 1978, pp. 22-74). De acordo com essa visão, não existe experiência não mediada. Mas, como observa Leon Schlamm no ensaio "Numinous Experience and Religious Language" (*Religious Studies*, volume 28, número 4, 1992, pp. 533-51), a visão de Katz é uma suposição epistemológica, nada mais. Não há evidências, apenas a convicção (baseada talvez, sugere Schlamm, na tese wittgensteiniana ou simplesmente na autorreflexão pessoal – ver também a nota 15 abaixo) de que a experiência mística é constituída por sua tradição religiosa.
5. Besant, *The Ancient Wisdom*, p. 124.
6. David Loy, "The Deconstruction of Buddhism", em Harold Coward e Toby Foshay, orgs., com conclusão de Jacques Derrida, *Derrida and Negative Theology* (Albany, NY: State University of New York Press, 1992), p. 250.
7. Tarnas, *The Passion of the Western Mind*, pp. 353 e 404.
8. Huston Smith, *Why Religion Matters: The Fate of the Human Spirit in an Age of Reason* (Nova York: HarperCollins, 2001), pp. 20-1. [*Por Que a Religião é Importante*, publicado pela Editora Cultrix, São Paulo, 2002.]
9. J. J. Clarke, *Oriental Enlightenment: The Encounter Between Asian and Western Thought* (Londres e Nova York: Routledge, 1997), p. 211.
10. Daniel J. Adams, "Toward a Theological Understanding of Postmodernism", *Cross Currents*, inverno de 1997-98, volume 47, número 4, http://www.crosscurrents.org/adams.htm.
11. Tarnas, *The Passion of the Western Mind*, p. 421.
12. *Ibid.*, p. 346.
13. David Appelbaum e Jacob Needleman, orgs., *Real Philosophy: An An-*

thology of the Universal Search for Meaning (Londres: Arkana, 1990), p. 13.

14. Willis Harman, *Global Mind Change: The Promise of the 21st Century* (Sausalito, CA: Institute of Noetic Sciences / San Francisco: Berrett-Koehler Publishers, 1998), pp. 127-28.

15. Dois filósofos que negaram a possibilidade de uma experiência da consciência "sem um objeto" foram David Hume (1711-1776) e G. E. Moore (1873-1958). Forman afirma: "Provavelmente Hume e Moore tentaram 'pegar-se' sem uma percepção em duas ou três tentativas solitárias, furtivas. Além disso, essas tentativas sem dúvida eram parte de seus projetos filosóficos. Assim, provavelmente sem dar-se conta das implicações experienciais de sua atitude ao 'tentar ver algo sobre a consciência', eles dificilmente poderiam ter deixado que seu aparato intelectual 'cessasse' por completo. Quem pode afirmar que um deles não poderia ter chegado a uma consciência silenciosa depois de alguns anos de meditação?" Nossa compreensão da consciência é, no fundo, baseada em observações empíricas, e "o que é empiricamente possível para um ser humano não é algo que você, eu ou Moore possamos decidir *a priori*, com asserções baseadas no que *de fato* experimentamos até aqui" (*Mysticism, Mind, Consciousness*, pp. 113-14).

Capítulo 11

1. Abraham A. Maslow, *Toward a Psychology of Being* (Nova York: Van Nostrand, 1968), p. 61.

2. John Welwood, org., *The Meeting of the Ways: Explorations in East/West Psychology* (Nova York: Schocken, 1979), p. xi.

3. Clarke, *Oriental Enlightenment*, pp. 150-51.

4. Douglas Russell, "Psychosynthesis in Western Psychology", *Psychosynthesis Digest*, volume 1, número 1, outono/inverno de 1981, http://two.not2.org/psychosynthesis/articles/pd1-1.htm.

5. Dane Rudhyar, "The Need for a Multi-level, Process-oriented Psychology", em Rosemarie Stewart, org., *East Meets West: The Transpersonal Approach* (Wheaton, IL: The Theosophical Publishing House, 1981), pp. 136-45.

6. Bakula, *Esoteric Psychology*, p. 58.
7. Francis Vaughan e Roger Walsh, orgs., *Paths Beyond Ego: The Transpersonal Vision* (Los Angeles: Jeremy P. Tarcher/Putnam, 1993), p. 34. [*Caminhos Além do Ego: Uma Visão Transpessoal*, publicado pela Editora Cultrix, São Paulo, 1997.]
8. Michael Daniels, *Shadow, Self, Spirit: Essays in Transpersonal Psychology* (Exeter: Imprint Academic, 2005), p. 13.
9. Carl Jung, *Archetypes and the Collective Unconscious* (Princeton, NJ: Princeton University Press, 1969), p. 58.
10. William Bloom, org., *Holistic Revolution: The Essential New Age Reader* (Londres: Allen Lane/The Penguin Press, 2000), p. 51.
11. Carl Jung, *Modern Man in Search of a Soul* (Londres: Routledge, 2003), p. 211.
12. Consulte Gerhard Wehr, "C. G. Jung in the Context of Christian Esotericism and Cultural History", em *Modern Esoteric Spirituality*, pp. 381-99.
13. Hoeller, *Gnosticism*, p. 171.
14. Citado em Quinn, *The Only Tradition*, p. 272.
15. Citado em Gerhard Wehr, *Jung: A Biography* (Londres: Shambhala, 2001), p. 203.
16. Carl Jung, *Psychology and the East* (Londres: Routledge and Kegan Paul, 1978), p. 157.
17. Citado em Robert Ellwood, *The Politics of Myth: A Study of C. G. Jung, Mircea Eliade and Joseph Campbell* (Albany, NY: State University of New York Press, 1999), p. 70.
18. Bakula, *Esoteric Psychology*, p. 57.
19. Carl Jung, *Mysterium Coniunctionis: An Inquiry Into the Separation and Synthesis of Psychic Opposites in Alchemy* (Princeton, NJ: Princeton University Press, 1963), p. 189.
20. Citado em Wouter J. Hanegraaff, *New Age Religion and Western Culture: Esotericism in the Mirror of Secular Thought* (Leiden: E. J. Brill, 1996), p. 503, ênfase minha. O texto é extraído de sua obra poética *The Seven Sermons to the Dead* (c. 1916), atribuído ao gnóstico Basílides.
21. Não confundir com o modelo "todos os quadrantes, todos os níveis" (TQTN), de Ken Wilber.

22. Citado em Smith, *The World's Religion*, p. 19 [*As Religiões do Mundo*, publicado pela Editora cultrix, São Paulo, 2001, p. 36.]

23. Douglas Russell, "Seven Basic Constructs of Psychosynthesis", *Psychosynthesis Digest*, volume 1, número 2, primavera/verão de 1982, http://www.two.not2.org/psychosynthesis/articles/pd1-2.htm.

24. Roberto Assagioli, *Psychosynthesis: The Definitive Guide to the Principles and Techniques of Psychosynthesis* (Londres: Thorsons, 1993), p. 17.

25. *Ibid.*, pp. 17-18.

26. *Ibid.*, p. 18.

27. John Welwood, *Toward a Psychology of Awakening: Buddhism, Psychotherapy, and the Path of Personal and Spiritual Transformation* (Londres: Shambhala, 2000), pp. 207-13.

Capítulo 12

1. Frank Visser, "Post-Metaphysics and Beyond: The AQAL Framework as Kosmic Compass", 2003, http://www.integralworld.net.

2. Robert P. Turner, "Esoteric Psychology: Expanding Transpersonal Vision", *The Journal of Esoteric Psychology*, volume IX, número 1, 1995, pp. 90-102.

3. *Ibid.*

4. E estendendo o ponto final da evolução da consciência a reinos cósmicos, "ela deixa de enfatizar todo anseio de libertação pessoal no futuro e promove a eterna oportunidade de serviço no presente. E, finalmente, liga o indivíduo ao cosmos, fornecendo um contexto no qual cumprir o papel único para o qual está predestinado, não apenas no Todo planetário, como também no Todo cósmico" (*ibid.*).

5. Tendo o nome do Pleroma gnóstico, esse período é certamente uma espécie de "plenitude". Se a experiência do Atman é a experiência de um Todo que olha por trás dos olhos do indivíduo para Si Mesmo, na verdade aqui não há nenhum "indivíduo" e também não estamos falando de nenhum Todo que abarque todos os níveis. O sujeito é matéria, o objeto é matéria

– isto é, se ainda pudermos usar os termos "sujeito" e "objeto' aqui. Se houvesse apenas um único nível de existência – matéria –, a experiência do Atman seria simplesmente a experiência da primeira iniciação. Se estivermos conscientes da "luz" da consciência física, estaremos conscientes de que o eu e o mundo aparentemente objetivo só "nascem" nessa luz.

6. O Arcaico é um pouco um estágio de transição entre o Pleromático e o Mágico.

7. Não há aqui nenhuma apreciação inteligente ordinária do eu nem do mundo. Assim, o mundo é, para a criança, e *era*, para nossos ancestrais pré-históricos, um lugar realmente "mágico" em que se podia fazer um objeto representar outro. (No caso da criança, um boneco pode representar, por exemplo, o personagem de um desenho animado – algo que a publicidade evidentemente sabe aproveitar muito bem.) Também nesse estágio, a *Mãe* (a mãe da criança/Mãe Terra) é/era algo como uma divindade reverenciada.

8. A presença indubitável de uma individualidade ainda não está/estava presente. O "eu" tende/tendia a "atrelar-se" a outra coisa qualquer. Quando o adulto maduro ou ideal diz "eu", ele *quer dizer*, pura e simplesmente, "eu". Porém quando o jovem diz "eu", tende a haver mais uma qualificação – como quem diz eu *como americano* ou eu *como muçulmano*. De acordo com Wilber, as habilidades linguísticas são/eram desenvolvidas nesse estágio, e enquanto o homem Mental vê um universo de materialidade concreta, com uma existência que poderia ser inteiramente acidental e sem sentido, o jovem tende a aferrar-se (e o homem Mítico se aferrava) a algum tipo de *Mito*. Ele tem/tinha *religiosidade*. É por isso, como observou Assagioli, que os jovens são mais propensos a coisas como racismo e nacionalismo extremos – e também a um misticismo *irracional*.

9. Gebser denominou essa visão de mundo de visão *perspectiva* (a noção de que "eu estou aqui, o mundo está lá"). A estrutura mental *age* para fixar a localização do ego num espaço objetivo, o que provoca rigidez e uma incapacidade egocêntrica de ultrapassar seus próprios e estreitos limites. Gebser diz: "Compelido a enfatizar cada vez mais o próprio ego devido à fixidez isolante deste, o homem encara o mundo em confronta-

ção hostil. O mundo, por sua vez, reforça essa confrontação assumindo uma extensão ou volume espacial em constante expansão (como na descoberta da América), que a força crescente do ego tenta vencer" (citado em Combs, *The Radiance of Being*, p. 111).

10. O adulto tem consciência de um reino físico objetivo – a "realidade dura e fria" apresentada pela ciência materialística. A criança, não (é por isso que a magia existe para ela), e o adolescente, apesar de poder já não acreditar em Papai Noel, ainda não está pronto para ver os Estados Unidos (se ele for norte-americano) como mais uma nação, nem a vida como algo mecânico e sem sentido. Em nossas universidades há pessoas de consciência Mental extremamente desenvolvida, mas também há aqueles cuja consciência predominante é Centáurica. Os "centauros" não veem aquilo que a ciência materialística vê, mas tampouco veem o que os indivíduos que estão no estágio Sutil Inferior da evolução veem (ou veriam). Para eles, o mundo não é nem material nem espiritual – a realidade está na mente de quem a contempla. De acordo com Wilber, o que devemos lembrar acerca de todos esses estágios é que cada novo estágio traz consigo uma nova perspectiva e uma nova "casa psíquica", porém os estágios anteriores ainda estão ali sob a superfície, podendo ressurgir – como de fato ressurgem – de vez em quando (o que pode ser bom ou mau).

11. Ken Wilber, *A Theory of Everything: An Integral Vision for Business, Politics, Science and Spirituality* (Dublin: Gateway, 2001), 12. [*Uma Teoria de Tudo*, publicado pela Editora Cultrix, São Paulo, 2003, p. 23.]

12. Ken Wilber, *Integral Psychology: Consciousness, Spirit, Psychology, Therapy* (Boston e Londres: Shambhala, 2000), p. 109. [*Psicologia Integral: Consciência, Espírito, Psicologia, Terapia*, publicado pela Editora Cultrix, São Paulo, 2002.]

13. Ken Wilber, *The Atman Project: A Transpersonal View of Human Development* (Wheaton, IL: Quest Books, 1996), p. 71. [*O Projeto Atman*, publicado pela Editora Cultrix, São Paulo, 2000.] (Fora de catálogo)

14. *Ibid.*, p. 70.

15. *Ibid.*, pp. 171-72.

16. *Ibid.*, p. 77.

17. A propósito disso, poderíamos considerar o estágio/estrutura *Integral* final de Gebser, no qual os seres humanos vivenciam o mundo por meio de sua *consciência* e, como tal, têm uma noção de si mesmos como entes que se tornam continuamente, e não entes que são descontinuamente. O estágio/estrutura Integral revela-se na visão de mundo *aperspectiva*, que volta a situar o ego no mundo, já que o mundo deixa de ter um *status* objetivo. Gebser viu indícios da emergência de um estágio/estrutura Integral nas "descobertas" dos novos físicos quânticos (assim como em alguns tipos de arte moderna), e Allan Combs crê que a civilização do século XXI será dominada por uma visão de mundo aperspectiva.

18. Wilber, *The Atman Project*, p. 173.

19. *Ibid.*, p. 79.

20. Citado em Wilber, *ibid*.

21. *Ibid.*

22. *Ibid.*, p. 81.

23. *Ibid.*, p. 83.

24. Porém, lembre-se que o indivíduo tem que se superar como alma. Daí o estágio da Noite Escura da Alma/Crucificação/Renúncia.

25. *Ibid.*, p. 84.

26. No sistema de Sri Aurobindo, a consciência *Supramental* equivaleria à consciência búdica. Esse "modo de pensar" é próprio do quarto iniciado. Acima/Além da Supramente, está a *Supermente* (própria do Adepto), e abaixo da Supramente (e evolucionariamente antes dela), estão a *Mente Intuitiva* (terceiro iniciado), a *Mente Iluminada* (segundo iniciado) e a *Mente Superior* (primeiro iniciado). Como Muni e os esoteristas em geral, Aurobindo reconhece que a evolução não cessa (ou não precisa cessar) no nível da Supermente – existe uma suprema consciência Divina ou *Saccidananda* (cf. a sétima iniciação). Contudo, a Supermente tem suma importância: ela é o ponto em que o Homem, tendo viajado da Natureza à Supernatureza, se torna Super-homem.

27. *Ibid.*, p. 86.

28. *Ibid.*, p. 85.

29. *Ibid.*

30. Besant, *The Ancient Wisdom*, p. 330.

31. Wilber, *The Atman Project*, p. 86.

Capítulo 13

1. Schuon, *The Transcendent Unity of Religions*, p. 48.
2. Faivre, *Access to Western Esotericism*, p. 296.
3. Heindel, *The Rosicrucian Cosmos-Conception*, pp. 435-36.
4. Citado em Nicolescu, *Science, Meaning & Evolution*, p. 129.
5. Burckhardt, *Alchemy*, p. 51, ênfase minha.
6. Schuon, *Light on the Ancient Worlds*, p. 111, ênfase minha.
7. Faivre, *Access to Western Esotericism*, p. 292.
8. Steiner, *Esoteric Development*, p. 90.
9. Purucker, *The Esoteric Tradition*, capítulo 6.
10. Hall, *Lectures on Ancient Philosophy*, p. 32.
11. *Poemandres, the Shepherd of Man.*

Bibliografia

Adams, Daniel J. "Toward a Theological Understanding of Postmodernism". *Cross Currents*, inverno de 1997-98, volume 47, número 4. Publicado pela primeira vez em *Metanoia*, primavera/verão de 1997. Disponível online em http://www.crosscurrents.org/adams.htm.

Agrippa, Heinrich Cornelius. [1510] *De Occulta Philosophia*. Edição digital de Joseph H. Peterson, 2000. Disponível online em http://www.esotericarchives.com.

Alder, Vera Stanley. *The Initiation of the World*. York Beach, ME: Samuel Weiser, 2000. Publicado pela primeira vez em 1968 pelo Lucis Trust.

Aniane, Maurice. "Notes on Alchemy the Cosmological 'Yoga' of Medieval Christianity". *Material for Thought*, primavera de 1976. Disponível online em http://www.giurfa.com/alchemy.html.

Appelbaum, David e Jacob Needleman. *Real Philosophy: An Anthology of the Universal Search for Meaning*. Londres: Arkana, 1990.

Ashlag, Rabbi Y. "The Teachings of the Ten Sefirot". Bnei Baruch World Center for Kabbalah Studies, 1996. Disponível online em http://www.kabbalah.info/engkab/commentary.htm.

Assagioli, Roberto. *Psychosynthesis: The Definitive Guide to the Principles and Techniques of Psychosynthesis*. Londres: Thorsons, 1993. Publicado pela primeira vez em 1965.

Bailey, Alice A. *From Intellect to Intuition*. 5ª ed. Londres e Nova York: Lucis Trust, 1987. Publicado pela primeira vez em 1932.

Initiation, Human and Solar. 6ª ed. Londres e Nova York: Lucis Trust, 1992. Publicado pela primeira vez em 1922.

The Light of the Soul: A Paraphrase of The Yoga Sutras of Patanjali. 5ª ed. Londres e Nova York: Lucis Trust, 1989. Publicado pela primeira vez em 1927.

The Rays and The Initiations. Vol. V, *A Treatise on the Seven Rays.* 5ª ed. Londres e Nova York: Lucis Trust, 1993. Publicado pela primeira vez em 1960.

A Treatise on Cosmic Fire. 4ª ed. Londres e Nova York: Lucis Trust, 1989. Publicado pela primeira vez em 1925.

A Treatise on White Magic or The Way of The Disciple. 6ª ed. Londres e Nova York: Lucis Trust, 1991. Publicado pela primeira vez em 1934.

Bailey, Mary. "Esoteric Schools". *The Beacon*, volume LVI, número 8, março/ abril de 1996: pp. 12-6.

Bakula, J. S. *Esoteric Psychology: A Model for the Development of Human Consciousness.* Seattle, WA: United Focus, 1978.

Besant, Annie. [1897] *The Ancient Wisdom: An Outline of Theosophical Teachings.* 14ª reimpressão. Adyar, Madras: The Theosophical Publishing House, 1997.

Blavatsky, H. P. [1888] *The Secret Doctrine: The Synthesis of Science, Religion, and Philosophy.* 2 vols. Ed. do centenário. Pasadena, CA: Theosophical University Press, 1988. [*A Doutrina Secreta: Síntese da Ciência, da Religião e da Filosofia*, 6 volumes, publicado pela Editora Pensamento, São Paulo, 1980.]

Bloom, William, org. *Holistic Revolution: The Essential New Age Reader.* Londres: Allen Lane/The Penguin Press, 2000.

Boehme, Jacob. [1622] *Of Regeneration, or the New Birth.* Christian Classics Ethereal Library. Disponível online em http://www.ccel.org/b/boehme/ way/regeneration.html.

[1622] *The Supersensual Life, or The Life Which is Above Sense.* Christian Classics Ethereal Library. Disponível online em http://www.ccel.org/b/ boehme/way/supersensual_life.html.

Borella, Jean. "René Guénon and the Traditionalist School". In: *Modern Esoteric Spirituality*, organizado por Antoine Faivre e Jacob Needleman, pp. 330-58. Londres: SCM Press Ltd, 1993. Publicado pela primeira vez em 1992 pela The Crossroad Publishing Company.

Broek, Roelof van den e Wouter J. Hanegraaff, orgs. *Gnosis and Hermeticism from Antiquity to Modern Times*. Albany, NY: State University of New York Press, 1998.

Brons, David. "The Valentinian View of the Creation", 2003. Disponível online em http://www.gnosis.org/library/valentinus/Valentinian_Creation.htm.

Bronsted, Niels. "Initiation". *The Journal of Esoteric Psychology*, volume XII, número 1, primavera/verão de 1998: pp. 1-14.

Brunton, Paul. *The Quest of the Overself*. Londres: Rider Books, 1996. Publicado pela primeira vez em 1937.

Burckhardt, Titus. *Alchemy: Science of the Cosmos, Science of the Soul*. Tradução para o inglês de William Stoddart. Shaftesbury: Element Books, 1986. Publicado pela primeira vez em 1967 pela Stuart and Watkins.

Campbell, Joseph. *The Inner Reaches of Outer Space: Metaphor as Myth and as Religion*. Nova York: Harper & Row, 1986.

Clarke, J. J. *Oriental Enlightenment: The Encounter Between Asian and Western Thought*. Londres e Nova York: Routledge, 1997.

Clymer, R. Swinburne. *Compendium of Occult Laws*. Quakertown, PA: The Philosophical Publishing Company, 1966. Também disponível online em http://www.geocities.com/collectumhermeticus/compendium.htm.

Combs, Allan. *The Radiance of Being: Complexity, Chaos and the Evolution of Consciousness*. St Paul, MN: Paragon House, 1996. Publicado pela primeira vez em 1995 pela Floris Books.

Coomaraswamy, Ananda K. *Selected Papers: Metaphysics*. Organizado por Roger Lipsey. Bollingen Series 89. Princeton, NJ: Princeton University Press, 1977.

Coward, Harold e Toby Foshay, orgs., com conclusão de Jacques Derrida. *Derrida and Negative Theology*. Albany, NY: State University of New York Press, 1992.

Cutsinger, James S. "An Open Letter on Tradition". 2001. Publicado pela primeira vez em *Modern Age*, 36:3, 1994. Disponível online em http://www.cutsinger.net/pdf/letter.pdf.

Daniels, Michael. *Shadow, Self, Spirit: Essays in Transpersonal Psychology*. Exeter: Imprint Academic, 2005.

d'Espagnet, Jean. [1623] *The Hermetic Arcanum*. The Alchemy Web Site. Disponível online em http://www.alchemywebsite.com/harcanum.html.

Dilworth, David A. *Philosophy in World Perspective: A Comparative Hermeneutic of the Major Theories*. New Haven e Londres: Yale University Press, 1989.

Domalske, Barbara. "Three Essentials of Disciples". *The Beacon*, volume LVI, número 2, março/abril de 1999: pp. 21-3.

Ellwood, Robert. *Frodo's Quest: Living the Myth in The Lord of the Rings*. Wheaton, IL: Quest Books, 2002.

The Politics of Myth: A Study of C. G. Jung, Mircea Eliade and Joseph Campbell. Albany, NY: State University of New York Press, 1999.

Theosophy: A Modern Expression of the Wisdom of the Ages. 2ª impressão. Wheaton, IL: Quest Books, 1994.

Evola, Julius. *The Hermetic Tradition: Symbols & Teachings of the Royal Art*. Tradução para o inglês de E. E. Rehmus. Rochester, VT: Inner Traditions International, 1971. Publicado pela primeira vez em 1931 pela Laterza.

"On the Secret of Degeneration". *Deutsches Volkstum*, número 11, 1938. Disponível online em http://pages.zoom.co.uk/thuban/html/evola.html.

Faivre, Antoine. *Access to Western Esotericism*. Albany, NY: State University of New York Press, 1994.

"Ancient and Medieval Sources of Modern Esoteric Movements". In: *Modern Esoteric Spirituality*, organizado por Antoine Faivre e Jacob Needleman, pp. 1-70. Londres: SCM Press Ltd, 1993. Publicado pela primeira vez em 1992 pela The Crossroad Publishing Company.

Theosophy, Imagination, Tradition: Studies in Western Esotericism. Tradução para o inglês de Christine Rhone. Albany, NY: State University of New York Press, 2000. Publicado pela primeira vez em 1996 como *Accès de l'ésotérisme occidental*, Tomo II, pela Editions Gallimard.

Faivre, Antoine e Wouter J. Hanegraaff, orgs. *Western Esotericism and the Science of Religion*. Leuven: Peeters, 1998.

Faivre, Antoine e Jacob Needleman, orgs. *Modern Esoteric Spirituality*. Londres: SCM Press Ltd, 1993. Publicado pela primeira vez em 1992 pela The Crossroad Publishing Company.

Fernando, Ranjit, org. *The Unanimous Tradition: Essays on the Essential Unity of All Religions.* 2ª ed. Colombo: The Sri Lanka Institute of Traditional Studies, 1999.

Ficino, Marsílio. [1518?] *Book of the Chemical Art.* The Alchemy Web Site. Disponível online em http://www.alchemywebsite.com/ficino.html.

Forman, Robert K. C. *Mysticism, Mind, Consciousness.* Albany, NY: State University of New York Press, 1999.

"What Does Mysticism Have to Teach Us About Consciousness?" *The Journal of Consciousness Studies*, volume 5, número 2, 1998: pp. 185-201.

Godwin, Joscelyn. *The Theosophical Enlightenment.* Albany, NY: State University of New York Press, 1994.

Goodrick-Clarke, Nicholas, org. *Helena Blavatsky.* Berkeley, CA: North Atlantic Books, 2004.

Guénon, René. *The Reign of Quantity and The Signs of the Times.* Tradução para o inglês de Lord Northbourne. Londres: Luzac & Company, 1953. Publicado pela primeira vez em 1945 pela Editions Gallimard.

Halevi, Z'ev ben Shimon. *The Way of Kabbalah.* Boston, MA: Weiser, 1976.

Hall, Manly P. *Journey in Truth.* Los Angeles: Philosophical Research Society, 1945.

Lectures on Ancient Philosophy: An Introduction to Practical Ideals. Ed. revista. Los Angeles: Philosophical Research Society, 1984. Publicado pela primeira vez em 1929.

The Wisdom of the Knowing Ones. Gnosticism: The Key to Esoteric Christianity. Los Angeles: Philosophical Research Society, 2000.

Hanegraaff, Wouter J. "On the Construction of 'Esoteric Traditions'". In: *Western Esotericism and the Science of Religion*, organizado por Antoine Faivre e Wouter J. Hanegraaff, pp. 11-61. Leuven: Peeters, 1998.

New Age Religion and Western Culture: Esotericism in the Mirror of Secular Thought. Leiden: E. J. Brill, 1996.

"Some Remarks on the Study of Western Esotericism". *Esoterica*, volume 1, 1999: pp. 3-19. Também disponível online em http://www.esoteric. msu.edu/hanegraaff.html.

Hanegraaff, Wouter J., org., em colaboração com Antoine Faivre, Roelof van den Broek e Jean-Pierre Brach. *Dictionary of Gnosis and Western Esotericism.* Leiden: E. J. Brill, 2005.

Harman, Willis. *Global Mind Change: The Promise of the 21st Century.* 2ª ed. Sausalito, CA: Institute of Noetic Sciences/San Francisco: Berrett-Koehler Publishers, 1998. [*Uma Total Mudança de Mentalidade*, publicado pela Editora Cultrix, São Paulo, 1994.] (Fora de catálogo)

Hartmann, Franz. [1887] *The Life of Paracelsus and the Substance of his Teachings.* San Diego: Wizards Bookshelf, 1985.

Heindel, Max. *The Rosicrucian Cosmos-Conception or Mystic Christianity.* 3ª ed. Oceanside, CA: The Rosicrucian Fellowship, 1992. Publicado pela primeira vez em 1909.

Hoeller, Stephan A. *Gnosticism: New Light on the Ancient Tradition of Inner Knowing.* Wheaton, IL: Quest Books, 2002.

Huxley, Aldous. *The Perennial Philosophy.* Nova York: Harper & Row, 1990. Publicado pela primeira vez em 1944. [*A Filosofia Perene*, publicado pela Editora Pensamento, São Paulo, 1991.] (Fora de catálogo)

James, William. [1902] *The Varieties of Religious Experience.* The Council on Spiritual Practices. Disponível online em http://www.csp.org/experience/james-varieties/james-varieties.html. [*As Variedades da Experiência Religiosa*, publicado pela Editora Pensamento, São Paulo, 1992.] (Fora de catálogo)

Juliano, o Apóstata (Flávio Cláudio Juliano). [c. 351] *Oration upon the Sovereign Sun. Addressed to Sallust.* Edição online de Roger Pearse, 2003. Disponível em http://www.tertullian.org/fathers/julian_apostate_1_sun.htm.

Jung, Carl G. *Archetypes and the Collective Unconscious.* Princeton, NJ: Princeton University Press, 1969.

Modern Man in Search of a Soul. Londres: Routledge, 2003. Publicado pela primeira vez em 1933.

Mysterium Coniunctionis: An Inquiry Into the Separation and Synthesis of Psychic Opposites in Alchemy. Princeton, NJ: Princeton University Press, 1963.

Psychology and the East. Londres: Routledge and Kegan Paul, 1978.

[1916?] *The Seven Sermons to the Dead written by Basilides in Alexandria, the City where the East toucheth the West.* The Gnostic Society Library. Disponível online em http://www.gnosis.org/library/7Sermons.htm.

Katz, Steven. "Language, Epistemology and Mysticism". In: *Mysticism and Philosophical Analysis*, organizado por Steven T. Katz, pp. 22-74. Nova York: Oxford University Press, 1978.

Kingsley, Peter. *Reality.* Inverness, CA: The Golden Sufi Center Publishing, 2003.

Lansdowne, Zachary F. *The Rays and Esoteric Psychology.* York Beach, ME: Samuel Weiser, 1989. [*Os Raios e a Psicologia Esotérica*, publicado pela Editora Pensamento, São Paulo, 1993.]

Leadbeater, C W. [1925] *The Masters and the Path.* Anand Gholap Theosophical Group. Disponível online em http://www.anandgholap.net/Masters_And_Path-CWL.htm. Publicado pela primeira vez pela Theosophical Publishing House.

Lévi, Éliphas. [1861] *The Key of the Mysteries.* Tradução para o inglês de Aleister Crowley. Londres: Rider & Company, 1977. Publicado pela primeira vez em 1913. [*A Chave dos Grandes Mistérios*, publicado pela Editora Pensamento, São Paulo, 1975.] (Fora de catálogo)

Loy, David. "The Deconstruction of Buddhism". In: *Derrida and Negative Theology*, organizado por Harold Coward e Toby Foshay, com conclusão de Jacques Derrida, pp. 227-53. Albany, NY: State University of New York Press, 1992.

Nonduality: A Study in Comparative Philosophy. Atlantic Highlands, NJ: Humanities Press International, 1997. Publicado pela primeira vez em 1988.

Macchio, Joseph P. *The Orthodox Suppression of Original Christianity.* 2003. Disponível online em www.essenes.net/conspireindex.html.

Maslow, Abraham A. *Toward a Psychology of Being.* 2ª ed. Nova York: Van Nostrand, 1968. Publicado pela primeira vez em 1962.

Mead, G. R. S. [1906] *Thrice Greatest Hermes: Studies in Hellenistic Theosophy and Gnosis.* The Gnostic Society Library. Disponível online em http://www.gnosis.org/library/hermet.htm.

Merkur, Dan. *Gnosis: An Esoteric Tradition of Mystical Visions and Unions.* Albany, NY: State University of New York Press, 1993.

"Stages of Ascension in Hermetic Rebirth". *Esoterica*, volume 1, 1999: pp. 79-96. Também disponível online em http://www.esoteric.msu.edu/merkur.html.

Mitchell, Brett. *The Sun is Alive: The Spirit, Consciousness, and Intelligence of our Solar System*. Carlsbad, CA: Esoteric Publishing, 1997.

Muni, Swami Rajarshi. *Yoga: The Ultimate Spiritual Path*. St Paul, MN: Llewellyn Publications, 2001.

Nash, John. *The Soul and Its Destiny*. Bloomington, IN: Authorhouse, 2004.

Needleman, Jacob. "Introduction II". In: *Modern Esoteric Spirituality*, organizado por Antoine Faivre e Jacob Needleman, xxiii-xxx. Londres: SCM Press Ltd, 1993. Publicado pela primeira vez em 1992 pela The Crossroad Publishing Company.

Nicolescu, Basarab. *Science, Meaning, & Evolution: The Cosmology of Jacob Boehme*. Tradução para o inglês de Rob Baker. Nova York: Parabola Books, 1991. Publicado pela primeira vez em 1988 como *La Science, le sens, et l'évolution: Essai sur Jakob Boehme* pela Editions du Félin.

Pernety, Antoine-Joseph. [1758?] *A Treatise on The Great Art: A System of Physics According to Hermetic Philosophy and Theory and Practice of the Magisterium*. Edição eletrônica da Flaming Sword Productions, 1997. Disponível online em http://www.hermetics.org/pdf/alchemy/The_Great_Art.pdf.

Perry, Whitall N. "The Revival of Interest in Tradition". In: *The Unanimous Tradition: Essays on the Essential Unity of All Religions*, organizado por Ranjit Fernando, pp. 3-16. 2ª ed. Colombo: The Sri Lanka Institute of Traditional Studies, 1999.

Plotino. [c. 250] *The Six Enneads*. Tradução para o inglês de Stephen MacKenna e B. S. Page. Christian Classics Ethereal Library. Disponível online em http://www.ccel.org/ccel/plotinus/enneads.html.

Prem, Sri Krishna. *The Yoga of the Bhagavat Gita*. Londres: John Watkins, 1958.

Purucker, G. de. *The Doctrine of the Spheres*. Vol. VII, *Esoteric Teachings*. San Diego, CA: Point Loma Publications, 1987.

The Esoteric Tradition. Pasadena, CA: Theosophical University Press, 1940. Disponível online em http://www.theosociety.org/pasadena/et/ethp.htm.

The Path of Compassion. Pasadena, CA: Theosophical University Press, 1986. Disponível online em http://www.theosociety.org/pasadena/fso/ptcom-hp.htm.

Quinn, William W., Jr. *The Only Tradition.* Albany, NY: State University of New York Press, 1997.

Quispel, Gilles. "The Asclepius: From the Hermetic Lodge in Alexandria to the Greek Eucharist and the Roman Mass". In: *Gnosis and Hermeticism from Antiquity to Modern Times*, organizado por Roelof van den Broek e Wouter J. Hanegraaff, pp. 69-77. Albany, NY: State University of New York Press, 1998.

Riffard, Pierre A. "The Esoteric Method". In: *Western Esotericism and the Science of Religion*, organizado por Antoine Faivre e Wouter J. Hanegraaff, pp. 63-74. Leuven: Peeters, 1998.

Rudhyar, Dane. "The Need for a Multi-level, Process-oriented Psychology". In: *East Meets West: The Transpersonal Approach*, organizado por Rosemarie Stewart, pp. 136-45. Wheaton, IL: The Theosophical Publishing House, 1981.

Russell, Douglas. "Psychosynthesis in Western Psychology". *Psychosynthesis Digest*, volume 1, número 1, outono/inverno de 1981 Disponível online em http://two.not2.org/psychosynthesis/articles/pd1-1.htm.
"Seven Basic Constructs of Psychosynthesis". *Psychosynthesis Digest*, volume 1, número 2, primavera/verão de 1982. Disponível online em http://two.not2.org/psychosynthesis/articles/pd1-2.htm.

Schaya, Leo. "Some Universal Aspects of Judaism". In: *The Unanimous Tradition: Essays on the Essential Unity of All Religions*, organizado por Ranjit Fernando, pp. 57-75. 2ª ed. Colombo: The Sri Lanka Institute of Traditional Studies, 1999.

Schlamm, Leon. "Numinous Experience and Religious Language". *Religious Studies: An International Journal for the Philosophy of Religion*, volume 28, número 4, 1992: pp. 553-51.

Scholem, Gershom. *Major Trends in Jewish Mysticism.* 3ª ed. Nova York: Schocken, 1961.

Schuon, Frithjof. *Light on the Ancient Worlds.* Bloomington, IN: World Wisdom Books, 1984. Publicado pela primeira vez em 1965 pela Perennial Books.

"Sophia Perennis and the Theory of Evolution and Progress". 2001. Disponível online em http://www.frithjof-schuon.com/evolutionengl.htm.

The Transcendent Unity of Religions. 2ª ed. Wheaton, IL: Quest Books, 1993. Publicado pela primeira vez em 1957.

Sherrard, Philip. "How Do I See the Universe and Man's Place in It?" Comunicação apresentada na conferência Modern Science and Traditional Religions Consultation, Windsor, Inglaterra, março de 1976. Disponível online em http://www.incommunion.org/articles/older-issues/the-universeand-mans-place-in-it.

Smith, Huston. *Beyond the Postmodern Mind.* 4ª impressão. Wheaton, IL: Quest Books, 1996.

Why Religion Matters: The Fate of the Human Spirit in an Age of Disbelief. Nova York: HarperCollins, 2001. [*Por Que a Religião é Importante*, publicado pela Editora Cultrix, São Paulo, 2002.]

The World's Religions: Our Great Wisdom Traditions. Ed. revista. Nova York: HarperCollins, 1991. Publicado pela primeira vez em 1958. [*As Religiões do Mundo*, publicado pela Editora Cultrix, São Paulo, 2001.]

Steiner, Rudolf. *Esoteric Development: Selected Lectures and Writings.* Great Barrington, MA: SteinerBooks, 2003.

How to Know Higher Worlds: A Modern Path of Initiation. Tradução para o inglês de Christopher Bamford. Great Barrington, MA: Anthroposophic Press, 1994. Publicado pela primeira vez em 1961 pela Rudolf Steiner Verlag.

Occult Science: An Outline. Tradução para o inglês de George e Mary Adams. 2ª reimpressão. Londres: Rudolf Steiner Press, 1979. Publicado pela primeira vez em 1910.

Stewart, Rosemarie, org. *East Meets West: The Transpersonal Approach.* Wheaton, IL: The Theosophical Publishing House, 1981.

Stuckrad, Kocku von. *Western Esotericism: A Brief History of Secret Knowledge.* Tradução para o inglês de Nicholas Goodrick-Clarke. Londres e Oakville, CT: Equinox Publishing Ltd., 2005.

Tarnas, Richard. *The Passion of the Western Mind: Understanding the Ideas That Have Shaped Our World View.* Londres: Pimlico, 1996. Publicado pela primeira vez em 1991 pela Crown.

Thackara, W. T. S. "The Ancient Mysteries: A Great Light, A Force for Good". *Sunrise: Theosophical Perspectives*, novembro de 1978. Disponível online em http://www.theosociety.org/pasadena/sunrise/28-78-9/oc-wtst.htm. "The Perennial Philosophy". *Sunrise: Theosophical Perspectives*, abril/maio de 1984. Disponível online em http://www.theosociety.org/pasadena/sunrise/33-83-4/ge-wtst.htm.

Turner, Robert P. "Esoteric Psychology: Expanding Transpersonal Vision". *The Journal of Esoteric Psychology*, volume IX, número 1, 1995: pp. 90-102.

Underhill, Evelyn. [1911] *Mysticism: A Study in the Nature and Development of Spiritual Consciousness*. Christian Classics Ethereal Library. Disponível online em http://www.ccel.org/ccel/underhill/mysticism.html.

Versluis, Arthur. "Mysticism, and the Study of Esotericism: Methods in the Study of Esotericism, Part II". *Esoterica*, volume 5, 2003: pp. 27-40. Também disponível online em http://www.esoteric.msu.edu/volumev/mysticism.htm.
Wisdom's Children: A Christian Esoteric Tradition. Albany, NY: State University of New York Press, 1999.

Vaughan, Francis e Roger Walsh, orgs. *Paths Beyond Ego: The Transpersonal Vision*. Los Angeles: Jeremy P. Tarcher/Putnam, 1993. [*Caminhos Além do Ego: Uma Visão Transpessoal*, publicado pela Editora Cultrix, São Paulo, 1997.]

Visser, Frank. "Post-Metaphysics and Beyond: The AQAL Framework as Kosmic Compass". 2003. Disponível online em http://www.integral-world.net.

Wade, Jenny. *Changes of Mind: A Holonomic Theory of the Evolution of Consciousness*. Albany, NY: State University of New York Press, 1996.

Wehr, Gerhard. "C. G. Jung in the Context of Christian Esotericism and Cultural History". In: *Modern Esoteric Spirituality*, organizado por Antoine Faivre e Jacob Needleman, pp. 381-99. Londres: SCM Press Ltd, 1993. Publicado pela primeira vez em 1992 pela The Crossroad Publishing Company.
Jung: A Biography. Londres: Shambhala, 2001.

Welwood, John, org. *The Meeting of the Ways: Explorations in East/West Psychology*. Nova York: Schocken, 1979.

Toward a Psychology of Awakening: Buddhism, Psychotherapy, and the Path of Personal and Spiritual Transformation. Londres: Shambhala, 2000.

Wilber, Ken. *The Atman Project: A Transpersonal View of Human Development.* Nova ed. Wheaton, IL: Quest Books, 1996. [*O Projeto Atman*, publicado pela Editora Cultrix, São Paulo, 2000.] (Fora de catálogo)

Integral Psychology: Consciousness, Spirit, Psychology, Therapy. Boston e Londres: Shambhala, 2000. [*Psicologia Integral: Consciência, Espírito, Psicologia, Terapia*, publicado pela Editora Cultrix, São Paulo, 2002.]

A Theory of Everything: An Integral Vision for Business, Politics, Science and Spirituality. Dublin: Gateway, 2001. [*Uma Teoria de Tudo*, publicado pela Editora Cultrix, São Paulo, 2003.]

Yates, Frances A. *Giordano Bruno and the Hermetic Tradition.* Nova York: Random House, 1969. Publicado pela primeira vez em 1964 pela Routledge and Kegan Paul. [*Giordano Bruno e a Tradição Hermética*, publicado pela Editora Cultrix, São Paulo, 1987.]